作文力ドリル

作文の基本編

小学中学年用

小論文・作文専門指導
白藍塾塾長
樋口裕一

Gakken

おうちの方へ

すべての学力の基礎としての『作文力』

国語力こそがすべての科目の基礎です。

国語力とは、言葉を使って、物事を筋道立てて考え、他人の考えを会話や文章を通して理解し、自分の考えを人に伝える力です。国語力がなければ物事をしっかりと考えることができません。会話や文章を十分に理解できません。自分の考えを人に伝えることができません。これでは、他の科目の内容だって理解できるはずがありません。

ですから、国語が苦手ですと、はじめのうちは社会科や理科、それに算数の計算の得意なお子さんでも、中学・高校と進むうちに伸び悩んできます。特に深刻なのは英語です。国語力がないと、英語の単語は暗記できても、意味を読み取れません。長文問題になると、全体の内容を理解できなくなってしまいます。現在の大学入試制度では、英語が最も重視されますので、英語ができないとどこの大学にも合格できないことになってしまいます。それほど、英語力が、そしてその基礎となる国語力が、必要とされているのです。

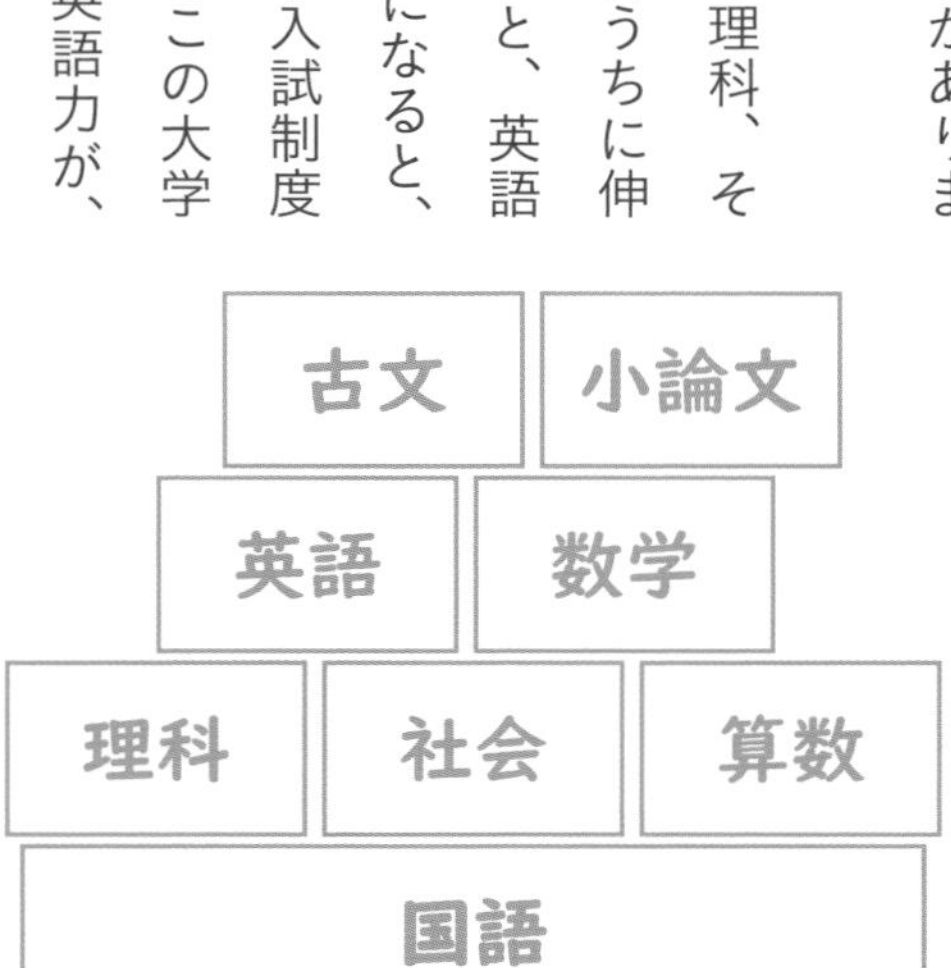

どうすれば国語力を養うことができるのでしょう。

最も効果的なのは文章を書くこと、つまり「作文力」をきたえることです。

もちろん、読むことも読解力をつけるために重要です。しっかりと本を読むお子さんは国語力や思考力をつけることができます。ですから、ぜひとも多くの子どもたちに本を読んでほしいと思います。ですが、それよりももっと短期的に力をつける手段が、文章を書くことなのです。

文章を書くことによって、ボキャブラリーも増えます。表現も豊かになります。自分の考えをまとめることもできるようになります。

書くことによって国語力は確実に伸びます。

それだけではありません。書くことによって読み取りも正確になるのです。自分で文章を書いてみると、書く人の気持ちがわかります。文章の展開の仕方もわかってきます。ですから、読むときにも内容を理解しやすくなるのです。そのうえ、自分で言葉の表現に気をつけるようになると、他人の文章の表現にも敏感になります。本を読んでいるうちに、「今度は、これを自分でも使ってみよう」という気持ちになって、どんどん表現が豊かになってくるのです。

事実、作文や小論文を学んだ私の教え子たちは、はじめはいやいやながら取り組んでいたとしても、だんだんと文章を書くことを嫌がらなくなります。いえ、不幸にして、嫌がり続け、文章を上手に書けるようにならなかった子でも、国語力は確実に伸びていきます。したがって、国語力を伸ばすのにもっとも好ましいのは、文章を書く学習なのです。

そこでお薦めするのが、この参考書です。

この参考書は、3部からなっています。第1部はマンガ仕立てのストーリーです。先がどうなるのか楽しみにしながら、読み進めていくと、話の途中で「問題」が出てきます。その「問題」は、普通の国語の問題ではありません。むしろ、クイズのように楽しめる問題です。お子さんはその問題を考えるうち、物語の中に参加していきます。そして、論理性・推理力を養っていきます。問題を通して、お子さんとおうちの方の間で語らいも生まれることと思います。はじめは、お子さんと話をしたり、ヒントをあげたりしてください。そして、お子さんの考えがまとまったところで、どの問題も鉛筆を使ってきちんと書かせてください。そうすることで考えが定着しますし、書く力もつきます。

第2部では、もう少し本格的に作文を学んでもらいます。作文を書く場合の心構え、作文の書き方を、少し系統立てて説明します。そして、ここでは「形」に基づいて書くように指導します。書くことはあってもどう書いてよいかわからない、というお子さんのために、具体的に、どのような構成で書くか、どのようなことをそれぞれの部分に書くかを教えます。そうすることによって、構成力が身につきます。もちろん、第1部だけで十分な力がつくのですが、その力をもっと伸ばし、構成力、文章力を定着させるために問題に取り組んでもらいます。

第3部では、応用力を養います。第2部までで培った力をもっと伸ばし、日常的に力をつけていくために、手紙の書き方、読書感想文の書き方を説明します。

本書が、お子さんの国語力増強に役立ち、同時にお子さんとおうちの方との楽しい語らいにつながることを祈ってやみません。

樋口裕一

この本の

おすすめ活用法

この本は次の3部からなっています。
著者がおすすめする、
効果的な使い方を紹介します。

第1部 ストーリー編 図工室のひみつ

楽しんで読み進めさせてください。
ストーリーの途中に問題がありますので、挑戦させてください。
その問題を解くことで、自然に作文力の基礎である、
論理性・推理力がつくように工夫されています。
もし、お子さんが「わからない」「できない」と悩んでいたら、
ヒントをあげてください。別冊にそのためのアドバイスもあります。

第2部 書き方の基本編 やさしい作文の書き方

本格的に作文を書くための心構え、作文の書き方を紹介します。
作文を書くときのポイントは、楽しんで書くということです。
その他、大切な6つのルールをわかりやすく説明しています。
もちろん、お子さんが取り組みやすいようにイラストなども多く入れ、
小学校中学年でも、十分答えられるように工夫してあります。

第3部 書き方の応用編 本格的な作文の書き方

作文を上手に書くコツは「ホップ・ステップ・ジャンプ・着地」
という文章の組み立て方を身につけることです。
第1部・第2部で培った力をもっと伸ばします。
最後に、手紙や読書感想文の書き方といった、
小学校中学年で必要になる分野もカバーしてあります。

作文力ドリル

作文の基本 編

小学校中学年向け

もくじ

おうちの方へ

ヒグチ先生から

ストーリー編

第1部 図工室のひみつ

書き方の基本編

第2部 やさしい作文の書き方

書き方の応用編

第3部 本格的《ほんかくてき》な作文の書き方

別冊《べっさつ》 答えとアドバイス

※注意　この本で使う漢字は、原則として小学校1～4年生で習う漢字を使用していますが、表現の都合上、一部それより上の学年で習う漢字も使用しています。ただし、別冊の答えは1～4年生の漢字だけを使用しています。

ヒグチ先生から「この本を読む前に」

さて、作文の勉強《べんきょう》を始《はじ》めますよ。

なになに？　「作文の勉強《べんきょう》なんてつまらなそう。」ですって？　無理《むり》もないですね。これまでの作文の勉強《べんきょう》はつまらなかったですからね。でも、わたしが作文をおもしろくしてあげましょう。

まず第《だい》1部《ぶ》は、マンガを見るような楽な気持《きも》ちで読んでほしいのです。勉強《べんきょう》をしているという気持《きも》ちは、わすれることです。お話の中でシュンやマホやソウタがこまっていたら、どうしたらよいか、いっしょになって考えてあげてください。

そして、お話のとちゅうに出てくる問題《もんだい》に答えましょう。

そうすれば、ふしぎ、ふしぎ。いつの間《ま》にか、作文が上手《じょうず》になって、国語が得《とく》意《い》になって、テストもできるようになっているはずです。

答えを思いつかなかったら、おうちの方《かた》と話して、ヒントをもらってもかまいません。おうちの方《かた》といっしょに考えてみてください。そして、第《だい》1部《ぶ》が終《お》わったら、第《だい》2部《ぶ》、第《だい》3部《ぶ》へと進んでください。きっと、楽しく作文の勉強《べんきょう》ができることでしょう。

それでは、じゅんびはいいですか？　さあ、出発《しゅっぱつ》です。

第《だい》1部《ぶ》は、シュン、マホ、ソウタの三人といっしょに勉強《べんきょう》しよう。
第《だい》2部《ぶ》・第《だい》3部《ぶ》は、わたしが教えますよ。お楽しみに！

第《だい》1部《ぶ》

ストーリー編《へん》

図工室のひみつ

シュンとマホとソウタは仲良《なかよ》しのクラスメイト。
図工室のうわさの真相《しんそう》をたしかめようとした
三人が出会ったものとは…？

主《おも》な登場人物《とうじょうじんぶつ》

シュン

ちょっとこわがりだけど、しっかり者《もの》で知的《ちてき》な小学生。

マホ

思ったことをはっきり言うけど、心やさしい。

ソウタ

ちょっとガサツでぶっきらぼうだけど、実《じつ》はいいヤツ。

シーン 1

シュンは、何とつぶやいたのだろう？

ある日のことです。小学四年生のシュンとマホとソウタの三人は、放課後《ほうかご》、こっそり図工室にやってきました。

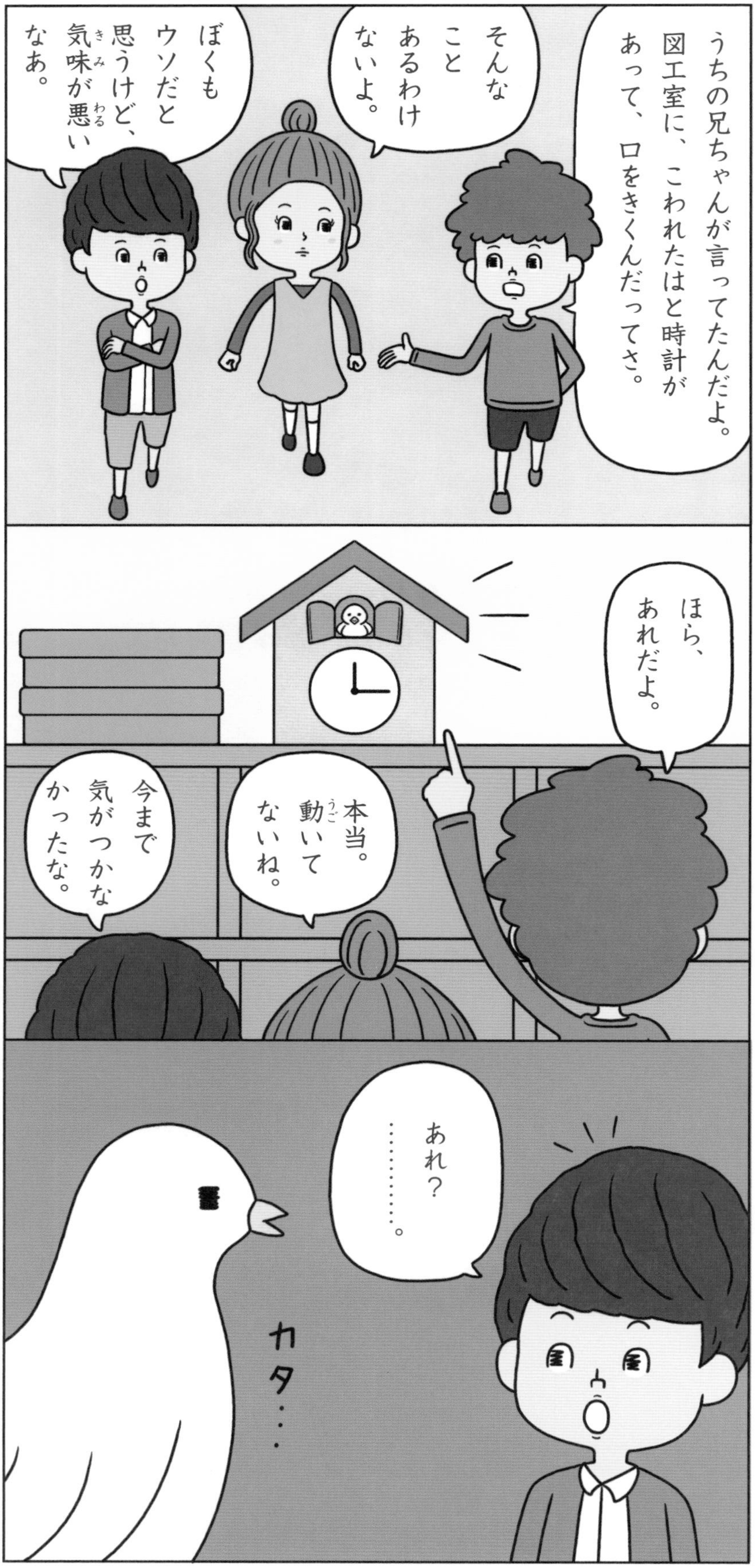

うちの兄ちゃんが言ってたんだよ。図工室に、こわれたはと時計があって、口をきくんだってさ。

そんなことあるわけないよ。

ぼくもウソだと思うけど、気味《きみ》が悪《わる》いなあ。

ほら、あれだよ。

本当。動《うご》いてないね。

今まで気がつかなかったな。

あれ？……………。

カタ…

心情《しんじょう》を
読み取《と》る問題《もんだい》

問題《もんだい》1

シュンは、はと時計を見て、何かつぶやいています。どんなことを言っていると思いますか。……に入るセリフを書いてください。いろいろなことが考えられるので、いくつも答えていいですよ。

ヒント

シュンは何て言ったんだ？

自分でも覚《おぼ》えてないんだよ。何て言ったんだっけ。

はと時計のはとが動《うご》いたような気がしたので不思議《ふしぎ》に思ったんだよね。

答えは、いろいろな書き方ができるよ。このときに、ぼくがつぶやいたと思うひとりごとを、考えてみてね。

続《つづ》けて書きましょう

あれ？

あれ？

あれ？

答えの例《れい》は別《べっ》さつ2ページ

シーン2

ソウタとマホは、どう考えたのかな？

それから、少し時間がたちました。シュンはまだ、はと時計を見つめています。すると……。

考えを読み取《と》る問題《もんだい》

問題《もんだい》2

今、ソウタとマホは、どんなことを考えながら、時計のはとのくちばしが動《うご》いたと言っているシュンを見ていると思いますか。いろいろなことが考えられるので、いくつも答えていいですよ。

ヒント

おれたち、どんなことを考えたのかなあ。

わたしたち、シュンくんの言うことを信《しん》じていなかったよね。

おれたちが、どんなことを考えたか、当ててみてね。

一字あけて書き出しましょう

答えの例《れい》は別《べっ》さつ2ページ

シーン3

時計のはとに何をたずねたい？

シュンは、時計のはとが声を出したと言っています。ソウタとマホが、しばらくようすを見ていると……。

想像力《そうぞうりょく》をつける問題《もんだい》

問題《もんだい》3

シュンは、もっといろんなことを時計のはとに聞いてみたいと思いました。あなただったら、どんなことを聞いてみたいですか。シュンの代《か》わりに質問《しつもん》を考えましょう。いくつも答えていいですよ。

ヒント

とつ然《ぜん》、はとが話を始《はじ》めたんだよ。不思議《ふしぎ》だよね。いろいろと聞いてみたいけど……。

君《きみ》だったら、どんなことを聞いてみる？

一字あけて書き出しましょう

答えの例《れい》は別《べっ》さつ3ページ

シーン4

時計のはとが話したこととは？

シュンからいろいろな質問《しつもん》をされた時計のはとは、自分の身《み》の上話を始《はじ》めました。

要約《ようやく》する問題《もんだい》

ぼくは三年一組のヒロキ。図工室で遊《あそ》んでいたら、声が聞こえたんだよ。時計のはとがしゃべっていたので、びっくりしたよ。それで、しばらく話しているうちに、

「わたしは人間になりたいので、代《か》わってくれないか。」

って言われたんだ。ぼくは、まさかこんなことになるとは思わなかったから、

「うん、いいよ。」

って答えたんだ。そうしたら本当に、ぼ

問題《もんだい》4

シュンは、時計のはとの言ったことを短《みじか》くまとめようとしています。シュンの代《か》わりにあなたがまとめて、百字ぐらいで書きましょう。

ヒント

時計のはとの言ったことを、わかりやすくまとめるんだね。

大事《だいじ》なことだけを、取《と》り出してうまくまとめればいいんじゃない？

くと時計のはとが入れ代《か》わっちゃった。それからは、図工室にやってきてぼくに近よってくる人に声をかけて、「人間にもどりたいから、代《か》わってよ。」ってたのむんだけど、みんなびっくりしてにげてしまうんだ。だから、どうすることもできないまま、ずっとこうしているんだよ。

一字あけて書き出しましょう

答えの例《れい》は別《べつ》さつ4ページ

シーン5

時計のはとになってもいいの？

時計のはとの話を聞いた三人は、それぞれに自分の意見《いけん》を言い合っています。

意見《いけん》を述《の》べる問題《もんだい》

ソウタ「時計のはとになってもいいって返事《へんじ》をするなんて、どうかしてるよ。」

シュン「ぼくも、いやだよ。」

マホ「はとに同情《どうじょう》したのかもね。」

問題《もんだい》5

ヒロキくんが時計のはとと代《か》わってもいいと答えたことをどう思うか、自分の意見《いけん》を、百字ぐらいで書きましょう。

まず、ヒロキくんの返事《へんじ》をいいと思うか、よくないと思うかを書いてね。その後《あと》で、理由《りゆう》を書こう。

一字あけて書き出しましょう

答えの例《れい》は別《べっ》さつ5ページ

シーン6

ヒロキくんの家はどこにある？

時計のはとは、三人に向《む》かって、また話し始《はじ》めました。

読解力《どっかいりょく》をつける問題《もんだい》

はと「ぼくの家は、学校の前の道を駅《えき》のほうに歩いて、三つ目の信号《しんごう》を右に曲《ま》がるんだよ。そして、右側《みぎがわ》にケーキ屋《や》さんがある十字路《じゅうじろ》で左に曲《ま》がって、右側《みぎがわ》にある三げん目の家だよ。」

シュン「よし、地図で調《しら》べてみよう。」

問題《もんだい》6

下の地図を見て、ヒロキくんの家がどこにあるのか、さがして○をつけましょう。

ヒント

学校の前の道がこれで……三つ目の信号《しんごう》というと……。わりとかん単《たん》に行けそう。

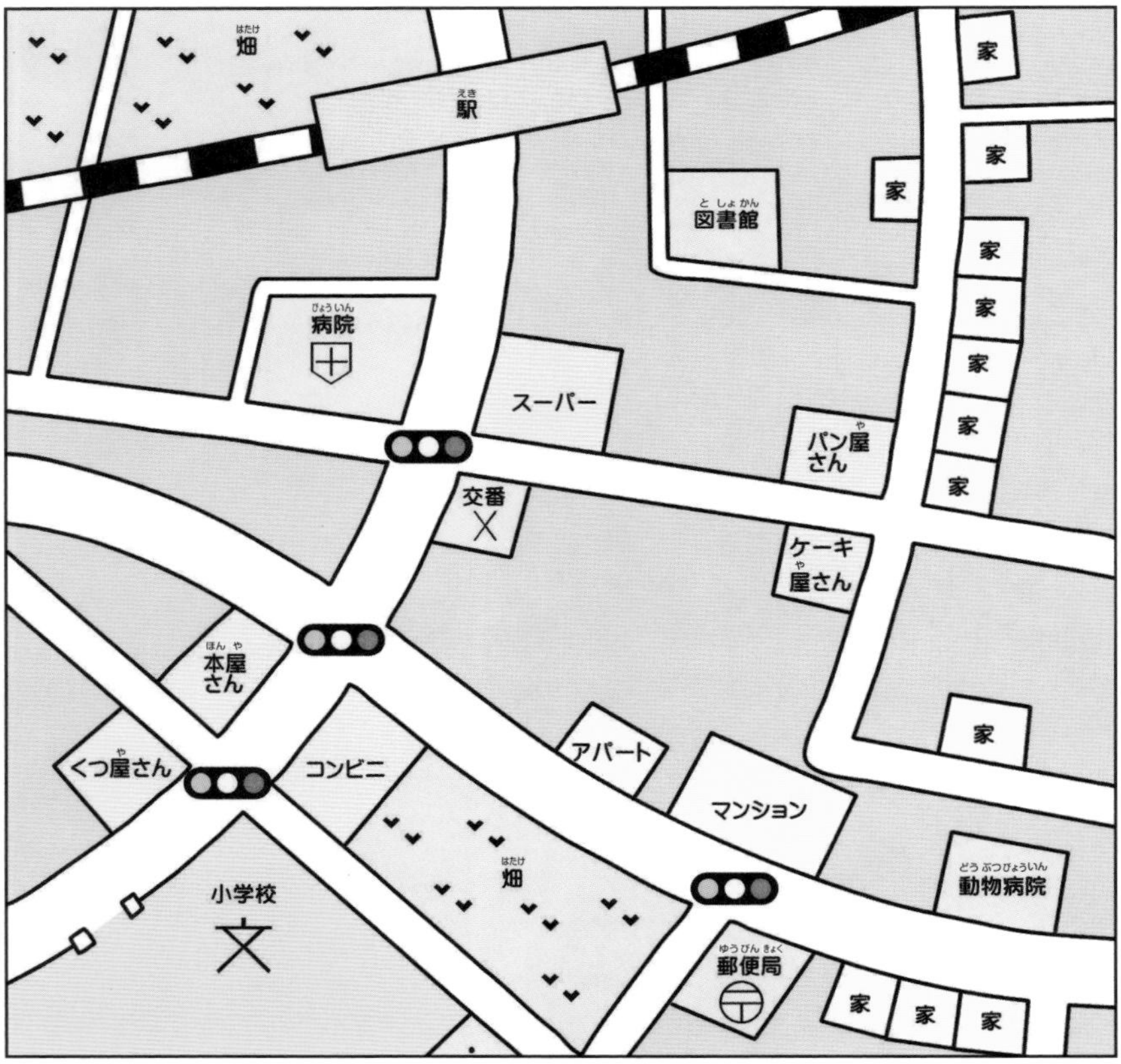

畑《はたけ》
駅《えき》
家
家
家
図書館《としょかん》
家
家
家
家
家
病院《びょういん》
スーパー
パン屋《や》さん
交番
ケーキ屋《や》さん
本屋《ほんや》さん
くつ屋《や》さん
コンビニ
アパート
家
マンション
畑《はたけ》
小学校
動物病院《どうぶつびょういん》
郵便局《ゆうびんきょく》
家
家
家

答えは別《べっ》さつ5ページ

シーン 7

図工室での出来事はひみつにする？

三人は、時計のはとと別《わか》れて、とりあえず家に帰ることにしました。帰り道で、今後について話し合っています。

ソウタ「じゃ、家にランドセルを置《お》いたら、みんなでヒロキくんの家に行ってみよう。」

シュン「わかった。」

マホ「でも、ヒロキくんの家の人は、わたしたちの言うことを、信《しん》じてくれるかなあ。」

シュン「信《しん》じてくれなくても、何とか図工室に来るようにたのんで、はと時計が話をしているところを見てもらえばいいよ。」

ソウタ「でも、いいか。このことは三人だけのひみつだからな。家族《かぞく》や他《ほか》の友達《ともだち》には、ぜっ対《たい》に言うなよ。」

意見《いけん》を述《の》べる問題《もんだい》

問題《もんだい》7

ソウタは、図工室での出来事《できごと》は三人だけのひみつだと言い出しました。あなたは、ソウタの意見《いけん》にさん成《せい》ですか。それとも反対《はんたい》ですか。その理由《りゆう》も説明《せつめい》してください。百字ぐらいで書きましょう。

ヒント

ひみつにする必要《ひつよう》、あるかなあ。

おれはひみつにするほうがいいと思うな。

どちらがいいのか、しっかりと理由《りゆう》を考えてみようよ。

一字あけて書き出しましょう

答えの例《れい》は別《べっ》さつ6ページ

シーン8

シュンはお母さんにどう説明《せつめい》したら良《よ》い？

三人で、ヒロキくんの家に行くことになっています。シュンは約束《やくそく》どおり出かけようとしました。

論理性《ろんりせい》や想像力《そうぞうりょく》をつける問題《もんだい》

お母さん「あら、どこか行くの？」

シュン「うん。」

お母さん「どこに、何しに？」

シュン「ちょっと……。」

お母さん「だれかといっしょ？」

シュン「ソウタとマホちゃん。」

お母さん「何をしに行くの？」

問題《もんだい》8

お母さんにはひみつにして、出かけなければいけません。シュンの代《か》わりに、あなたがウソの説《せつ》明《めい》を考えて書いてみましょう。

ヒント

ウソとすぐわかるようなことはだめ。それにお母さんが心配《しんぱい》するようなことは、他《ほか》の二人の家に電話をかけられたりして、わかってしまうよ。

一字あけて書き出しましょう

答えの例《れい》は別《べつ》さつ7ページ

シーン 9

なぜ、ヒロキくんのようすを聞いたのだろう？

待《ま》ち合わせをした三人は、ヒロキくんの家に向《む》かって歩いています。

シュン「でも、ヒロキくんって他《ほか》の人と入れ代《か》わったんだろ。だったら、時計のはとだったやつが、ヒロキくんになりすまして家にいるんじゃないのかい。」

ソウタ「そういえば、そうだな。」

マホ「あ、この家よ。」

ソウタ「ごめんくださーい。」

ヒロキのお母さん「どちらさま？」

ソウタ「あの、ぼくたち、南小学校の四年生なんですけど、ヒロキくんのお母さんですか。」

読解力《どっかいりょく》をつける問題《もんだい》

問題《もんだい》9

シュンはなぜ、ヒロキくんが時計のはとになって図工室にいることをすぐに言わずに、こんな質問《しつもん》をしたと思いますか。百字ぐらいで書きましょう。

ヒント

おれだったら、きっとすぐに言ったと思うんだけど、シュンは何でこんなことを聞いたんだ？

もしものことを考えないと、こまるじゃない…。

もしものことって、何だ？

それを考えて、答えればいいのよ。

ヒロキのお母さん「そうですけど……、何か？」

シュン「あのう。ヒロキくんは今どうしているんですか？」

一字あけて書き出しましょう

答えの例《れい》は別《べっ》さつ7ページ

シーン 10

ヒロキくんのお母さんの質問《しつもん》に、どう答える？

ヒロキくんのお母さんは、ヒロキくんの今のようすを語りました。

ヒロキのお母さん「少し前から急《きゅう》にヒロキのようすがおかしくなってしまったのよ。」

マホ「そのときのことを話してくれませんか。」

ヒロキのお母さん「三日前の夕方のことよ。ヒロキが学校から帰ってきたのだけど、ようすが変《へん》だったのよ。いつものヒロキとちがって、ぼんやりしていて、自分のことを『ワシ』なんて言って、おじいさんみたいなしゃべり方をしていた

要約《ようやく》する問題《もんだい》

問題《もんだい》10

ヒロキくんのお母さんは、三人に、なぜヒロキのことを聞くのか、ヒロキのことを何か知っているのか、と質問《しつもん》しています。三人に代《か》わって答えてください。百二十字ぐらいで書きましょう。

ヒント
えーと、これまで起《お》こったことを、どう説明《せつめい》すればいいんだろう……。
むずかしそうだなあ。
図工室で起《お》こったことを、順番《じゅんばん》に話していけば、だいじょうぶよ。

わ。大好《だいす》きなカレーライスもそのまま残《のこ》してほとんど何も食べなかったの。それからは自分の部屋《へや》でごろごろねているか、庭《にわ》の植木《うえき》に話しかけてすごしているの。ずっとごろごろねているから、心配《しんぱい》して熱《ねつ》をはかったけど熱《ねつ》はないし……。」

シュン「そうですか……。」

ヒロキのお母さん「でも、なぜそんなことを聞くの？　あなたたちはヒロキのことを何か知っているの？　知っているなら、どんなことでもいいから教えてちょうだい。」

一字あけて書き出しましょう

答えの例《れい》は別《べっ》さつ8ページ

シーン 11

なぜ、図工室にヒロキくんを連《つ》れて行くのだろう？

ヒロキくんのお母さんに事情《じじょう》を聞いたシュンは、次《つぎ》の行《こう》動《どう》にうつることにしました。

読解力《どっかいりょく》をつける問題《もんだい》

ソウタ「やっぱり、時計のはとの言っていたことは本当だったんだ。家もあったし、三日前からヒロキくんは別人《べつじん》のようになってしまっているんだもんな。」

シュン「もしかしたら、ヒロキくんは元にもどれるかもしれないよ。」

マホ「どうするの？」

シュン「あの、ヒロキくんは今どこですか。」

ヒロキのお母さん「『公園に行く』と言って出かけたわ。黒いぼうしをかぶってい

問題《もんだい》11

シュンはなぜ、「ヒロキくんを図工室に連《つ》れてきてほしい。」と言ったのでしょうか。その理由《りゆう》を考えて、説明《せつめい》しましょう。

ヒント

シュン、何でヒロキくんを学校に連《つ》れてきて、なんて言い出したんだよ。

ソウタくん、わかんないの？

マホちゃんはわかるの？

るわよ。」
シュン「じゃ、ヒロキくんのお母さんはぼくといっしょに学校の図工室に来てください。ソウタとマホちゃんは公園に行ってヒロキくんを学校に連《つ》れてきてくれる？」

わかるよ。だって、きっと……。

君《きみ》も、ぼくがどんなことを考えたのか、当ててね。

一字あけて書き出しましょう

答えの例《れい》は別《べつ》さつ9ページ

シーン12

感動《かんどう》の再会《さいかい》を果《は》たした親子がかわした言葉《ことば》は？

図工室に着《つ》くと、ヒロキくんのお母さんは、はと時計のすがたになったヒロキくんにかけよりました。

想像力《そうぞうりょく》をつける問題《もんだい》

ガラッ
ヒロキ！
ぼく、三日間ここにとじこめられてたんだ。
本当にヒロキの声だわ…！
………。
………。

問題《もんだい》12

はと時計のすがたになったヒロキくんとヒロキくんのお母さんが再会《さいかい》を果《は》たして話をしています。どんな話をしているでしょう。二人の話を自由に想像《そうぞう》して、「　」（かぎかっこ）を使って、やりとりを書きましょう。

ヒント

本当に良《よ》かったわね。話したいことはたくさんあるんじゃないかな……。

ひさしぶりに会えて、どんなことを話したか想像《そうぞう》してみてね。

自分で物語《ものがたり》の一部《いちぶ》を考えるみたいで、わくわくするなあ。

「

← ここから書き出しましょう

答えの例《れい》は別《べっ》さつ9ページ

シーン13

にせ者《もの》のヒロキくんが語ったこととは？

ソウタが公園にいたにせ者《もの》のヒロキくんを連《つ》れてきたところで、時計のはとと対面《たいめん》しました。

要約《ようやく》する問題《もんだい》

ソウタ「おーい、シュン！　公園にいたヒロキくんを連《つ》れてきたよ。」

シュン「この人がヒロキくんとして、君《きみ》の家でくらしていたんだって。」

はと「そうか、ぼくと入れ代《か》わったのは君《きみ》なのかい？」

にせ者のヒロキ「やれやれ、やっともどれそうじゃな。わしは、何千年も前から南の国で生きてきた木だったのだよ。森でいちばん古い木で、まほうの木としてあがめられて、まほう使《つか》いもわしの木の

問題《もんだい》13

にせ者《もの》のヒロキくんは、これまでの自分の事情《じじょう》を説明《せつめい》しています。話したことを、わかりやすくまとめて、百三十字までで書きましょう。

ヒント

にせ者《もの》のヒロキくんの話、むずかしい言葉《ことば》がたくさんあって、よくわからないなあ。

だけど、よく聞いてみると、言っていることはわかるはずだよ。

そうよ。話の中で、大事《だいじ》なことをまとめればいいのよ。

えだを使《つか》ってまほうを行っておった。ところが、日本の会社がやってきて、次々《つぎつぎ》と森をこわしていった。このわしまでも切りたおし、こともあろうに、はと時計に加工《かこう》して、学校に置《お》き去《ざ》りにしたのじゃよ。そしていつしかわすれられて、ゼンマイをまいてもらえず、動《うご》かなくなってしまった。わしは人間になって南の国にもどろうと思って、ヒロキくんをだましたのだが、年をとったうえに、一《いち》度《ど》切られてしまったので元気が出ない。どうやって飛行機《ひこうき》に乗《の》ればいいのかもわからん。部屋《へや》でごろごろするしかない。それよりは学校のはと時計にもどって、子どもたちの役《やく》に立つほうがいいと思い始《はじ》めていたのじゃよ。」

一字あけて書き出しましょう

答えの例《れい》は別《べっ》さつ10ページ

シーン14

いよいよラスト!! この物《もの》語《がたり》を読んで、どう感《かん》じた？

にせ者《もの》のヒロキくんの話を聞き終《お》えたところで、いよいよ……。

読書感想文《かんそうぶん》を書く問題《もんだい》

じゃあ
ぼくを元にもどしてよ。
わかった。おぬしには悪《わる》いことをしたのう。
ダダレリエレンハオ
シレホセリエ……。
ギュイ――イァン

ヒロキ!
お母さん!
ときどき、ぜんまいをまきに来てくれんかな。みんなの役《やく》に立ちたいからな。
そうだ、そのうち図工室でパーティーをしようよ。

問題《もんだい》14

この物語《ものがたり》のあらすじをまとめて、感想《かんそう》を書きましょう。全部《ぜんぶ》で四百字ぐらいで書きましょう。

ヒント

どう？　このお話、おもしろかった？　いちばんおもしろかったところや、いちばんいいなと思ったところは、どこかな？

なぜ、そこが「おもしろい」とか「いい」と思ったのかな？　そんなことを書くといいよね。

あらすじをまとめるときは、大事《だいじ》なことにしぼってね。

あらすじをまとめてから、自分の感想《かんそう》を書けばいいんだな。

一字あけて
書き出しましょう

答えの例《れい》は別《べっ》さつ1ページ

第《だい》2部《ぶ》からは
作文名人の
私《わたし》が教えますよ。

第《だい》2部《ぶ》

書き方の基本《きほん》編《へん》

やさしい作文の書き方

作文の書き方を、一から説明《せつめい》します。
作文で最《もっと》も大切なのは、楽しんで書くことです。
楽しい問題《もんだい》で、練習《れんしゅう》しましょう！

1 作文を書くときの心がまえ

シュン 宿題《しゅくだい》の作文、どうしよう。いやだなあ。

先生 おや、シュンくん、作文がきらいなんですか。

シュン 作文を好《す》きな人なんて、いないんじゃないですか。

先生 そんなことはないですよ。作文を書くのは楽しいですよ。

シュン えー？ だって、**何を書いていいかわからないし**、書くことないし。

先生 まずはじめに覚《おぼ》えておいてほしいのは、**作文を書くことは楽しいものだ**ということです。作文を書くことを、たいくつなこと、めんどうなことと思いこまないでください。

　作文とは、だれかに伝《つた》えたいこと、ふと思いついたおもしろいこと、実際《じっさい》に体験《たいけん》したり本を読んだりした感想《かんそう》などを、文章《ぶんしょう》に表《あらわ》す作業《さぎょう》のことです。ですから、なるべくおもしろいことを書いてください。そして、できれば、読んでいる人を感動《かんどう》させるように書いてください。勉強《べんきょう》と思わないで、**ゲームのつもりで書く**というのが、いちばんのコツなのです。ですから、これから作文を楽しんで書くように心がけてください。

2 作文を書くときに気をつけること

先生 作文は、何を、どのように書いても良《よ》いわけではありません。作文にもルールがあります。まず、それを覚《おぼ》えてしまいましょう。

シュン どんなルールがあるんですか？

先生 覚《おぼ》えてほしい作文のルールは、次《つぎ》の六つです。

ルール1　原こう用紙を正しく使《つか》おう
ルール2　人の言ったことには、「　」をつけよう
ルール3　くわしく書こう
ルール4　一つの文を長くしない
ルール5　「です・ます」と「だ・した」をごちゃまぜにしない
ルール6　長い文章《ぶんしょう》のときには、だん落《らく》分けをする

シュン うーん、できるかな？

先生 次《つぎ》のページから、ルールごとに、練習《れんしゅう》してみましょう。

ルール1

原こう用紙を正しく使《つか》おう

作文は、何をどのように書いても良《よ》いというわけではありません。原こう用紙に作文を書くときには、ルールがあります。まず、それを覚《おぼ》えてしまいましょう。

次《つぎ》のことに注意《ちゅうい》しましょう。

①原則《げんそく》として、一ますに一字書きます。
②「。」や「、」にも一ます使《つか》います。（ただし、「。」や「、」は、行の頭のますに書いてはいけません。）
③作文の書き出しでは、はじめの一ますをあけます。
④だん落《らく》を変《か》えたときにも、はじめの一ますをあけます。

特《とく》に③と④は、ときどきわすれてしまうことがあるので、注意《ちゅうい》してください。

文章《ぶんしょう》の書き出しは、一ますあける。

会話文は、行を変《か》えて、いちばん上から書き始《はじ》める。

だん落《らく》を変《か》えたときも、一ますあける。

句読点《くとうてん》やカッコも一ます使《つか》う。

会話文の終《お》わりは、。と」を一ますに入れる。

句読点《くとうてん》は、行の最後《さいご》の文字と同じますに書く。

　わたしが学校から帰ると、お母さんがうれしそうな顔で、
「ゆうこお姉ちゃんの家で、赤ちゃんが生まれたんですって」
と言いました。わたしはびっくりしました。赤ちゃんが生まれることは知っていましたが、まだ生まれるとは聞いていなかったからです。
「これから病院に会いに行くから、いっしょに行こうよ。」
　お兄ちゃんはまだ帰ってきていないので、

※原こう用紙の使い方のルールは学校によってちがうことがあります。

句読点《くとうてん》やとじカッコを，次の行のはじめにつけてはいけません。
（行の最後《さいご》のます目の外につけてもかまいません。）

ルール2

人の言ったことには、「」をつけよう

人が言ったことには、「　」（かぎカッコ）をつけるのがルールです。

ひろしくんが、今度《こんど》遊《あそ》びに行くよと言ったので、ぼくは、じゃあ待《ま》っているよと答えました。

と書いたのでは、どこからどこまでがひろしくんや「ぼく」が言ったことなのかが、よくわかりません。ですから、次《つぎ》のように書きましょう。

ひろしくんが、「今度《こんど》遊《あそ》びに行くよ。」と言ったので、ぼくは、「じゃあ待《ま》っているよ。」と答えました。

『　』(二重《にじゅう》カギカッコ)は、「　」の中に「　」が出てくるようなときに使《つか》うよ。

問題《もんだい》1　人が言ったことに「　」をつけて、書きましょう。

①きのう、ショウくんが、遊園地《ゆうえんち》に行ったんだよと言った。

「　　　」

②知らない人から、学校はどこですかと聞かれた。

「　　　」

③先生が、全部《ぜんぶ》できた人はいますかと言ったので、ぼくが、はいと答えた。

「　　　」

④ぼくが外に出ようとしたら、お母さんが、気をつけてと言った。

「　　　」

⑤りえちゃんが行きたくないと言うと、ひろしもぼくもと言った。

「　　　」

答えの例《れい》は別《べっ》さつ12ページ

ルール3 くわしく書こう

みなさんの書く作文で多いのが、

運動会《うんどうかい》がありました。赤組が勝《か》ちました。楽しかったです。

とだけ書いたものです。

でも、それでは、運動会《うんどうかい》でどんなことをしたのか、どんなところが楽しかったのかが、読む人には伝《つた》わりません。読む人が、運動会《うんどうかい》の楽しいようすを思いうかべることができるように、くわしく、具体的《ぐたいてき》に書いてください。例《たと》えば、次のように書きます。

日曜日は運動会《うんどうかい》でした。わたしは、五十メートル走で二位《い》になりました。ゴールの少し前まで三位《い》でしたが、ゴールの手前でえりかちゃんをぬきました。後《あと》で、まりえちゃんに、「すごかったね。」と言われました。楽しい運動《うんどう》会《かい》でした。

問題《もんだい》❷　読んでいる人が、ようすを思いうかべることができるように、くわしく書いてください。場面《ばめん》を想像《そうぞう》して書きましょう。

①おじいちゃんとデパートに行って、ゲームを買ってもらいました。
（どこで、どのようにしましたか。くわしく書きましょう。）

②おじさんの家の犬をもらって、うちでかうことにしました。
（どのような犬を、どのようないきさつで、かうことになったのですか。）

③ようせいが耳もとにやって来て、「いっしょに遊《あそ》ぼう。」とささやいた。
（どこで、どのようなようせいがあらわれたのか、空想《くうそう》してみましょう。）

答えの例《れい》は別《べっ》さつ12ページ

ルール4

一つの文を長くしない

一つの文が長いと、何を言いたいのかが、わかりにくくなります。一つの文は短《みじか》くしましょう。例《たと》えば、

ぼくは、自分がクラスで一番足が速《はや》いと思っていたのに、ひろし君《くん》に負《ま》けてしまってくやしかったので、運動会《うんどうかい》の徒《と》競走《きょうそう》で一等《いっとう》になる決心《けっしん》をしてがんばって練習《れんしゅう》したら、本当に一等《いっとう》になることができて、うれしかったです。

というのでは、だらだらしていてわかりにくいでしょう。そこで、次《つぎ》のように短《みじか》い文に分けて書きます。

ぼくは、自分がクラスで一番足が速《はや》いと思っていたのに、ひろし君《くん》に負《ま》けてしまいました。くやしかったので、運動会《うんどうかい》の徒《と》競走《きょうそう》で一等《いっとう》になる決心《けっしん》をしました。がんばって練習《れんしゅう》したら、本当に一等《いっとう》になることができて、うれしかったです。

問題《もんだい》❸ 次《つぎ》の文を、短《みじか》く区《く》切《ぎ》って読みやすくしてください。

①お母さんといっしょに買い物《もの》に行った帰りにお母さんは用事《ようじ》があったので、ぼくは一人で帰ることにしたら、道にまよってわからなくなったので、交番で道を聞いて、やっと知っている通りに出ることができ、家に帰るまで一時間以上《いじょう》かかりました。

［　　　　　　　　］

②ジャックが歩いていくと、おしろがあったので、おしろに入ろうと思って門に回ったところ、門番はいなかったので、だまって中に入ったら、物音《ものおと》が聞こえてきたので行ってみると、王女様《さま》がハープをひいていた。

［　　　　　　　　］

答えの例《れい》は別《べっ》さつ12ページ

ルール5 「です・ます」と「だ・した」をごちゃまぜにしない

文の終《お》わりを「です・ます（でした・ました）」か、「だ・した（た・だった）」か、どちらかの文体に決《き》めて、書きます。

日曜日に、おじいちゃんとおばあちゃんといっしょに、遊園地《ゆうえんち》に行きました。観《かん》らん車とジェットコースターに乗《の》った。夜になって、家に帰りました。

これでは、二つの文体がまざっているので、次《つぎ》のどちらかにします。

日曜日に、おじいちゃんとおばあちゃんといっしょに、遊園地《ゆうえんち》に行きました。観《かん》らん車とジェットコースターに乗《の》りました。夜になって、家に帰りました。

日曜日に、おじいちゃんとおばあちゃんといっしょに、遊園地《ゆうえんち》に行った。観《かん》らん車とジェットコースターに乗《の》った。夜になって、家に帰った。

問題《もんだい》❹ 「です・ます」の文を「だ・した」の文に、「だ・した」の文を「です・ます」の文に改《あらた》めなさい。

①とてもおもしろそうな本を見つけました。

「　　」

②すーっとドアから出ていったのは、どろぼうでした。

「　　」

③いたずらをしたのは、ぼくではありません。

「　　」

④目の前に大きな海が広がっている。

「　　」

⑤シュンはそっとかべに手を当てた。

「　　」

答えの例《れい》は別《べっ》さつ12ページ

長い文章《ぶんしょう》のときには、だん落《らく》分けをする

二百字をこすような長めの文章《ぶんしょう》を書くときには、だん落《らく》分けをするほうが良《よ》いでしょう。

一かたまりのことを書き終《お》わったら、その行はそこで終《お》わりにして、あけておきます。続《つづ》きは次《つぎ》の行から、いちばん上を一ますあけて書き始《はじ》めます。

次《つぎ》のようにするわけです。

だん落《らく》のはじめは一《ひと》ますあける

　ぼくは、妹と公園でボール投げをして遊びました。すると、知らない子が近よってきて、ぼくたちのほうをじっと見ていました。
　ぼくは、その子がいっしょに遊びたいのかなと思いました。そこで、声をかけると、その子は笑ってうなずいて、こちらにやって来ました。

最初《さいしょ》のだん落《らく》　次《つぎ》のだん落《らく》

「だん落《らく》」とは、文章《ぶんしょう》を内容《ないよう》ごとのまとまりに分けたもののことだよ。

問題《もんだい》❺ 次《つぎ》の文章《ぶんしょう》をだん落《らく》分けして、わかりやすくしましょう。分かれるところに「／（ななめの線）」を入れてください。

①

教室に入ると、ざわざわしているのに気がつきました。村田先生が病気《びょうき》になって、きのう、急《きゅう》に入院《にゅういん》したというのです。一時間目のベルが鳴りましたが、やはり村田先生は教室に来ませんでした。代《か》わりに教頭先生が来て、村田先生がしばらくお休みすると言いました。

②

春菜《はるな》は「きっとおじいちゃんは首を長くして待《ま》ってくれているだろうな」と思いながら、特急《とっきゅう》に乗《の》っていました。駅《えき》に着《つ》いて特急《とっきゅう》からおりると、改札《かいさつ》口からおじいちゃんが顔いっぱいに笑顔《えがお》をうかべながら、手をふっているのが見えました。

答えの例《れい》は別《べっ》さつ13ページ

3 作文の書き方の形

シュン 先生、作文がうまく書けるヒケツってあるんですか？

先生 作文のヒケツは、ズバリ、**自分の「得意《とくい》の形」に合わせて書くこと**です。

シュン 「得意《とくい》の形」？

先生 シュン君は、スポーツが好《す》きですか？

シュン はい、大好《す》きです。

先生 例《たと》えば、ドッジボールの練習《れんしゅう》を考えてください。はじめは、投《な》げ方の練習《れんしゅう》をします。投《な》げる**フォーム（形）**を覚《おぼ》えるのです。そうすることで、上手《じょうず》に投《な》げられるようになります。

野球《やきゅう》も同じです。ピッチャーにもバッターにも、自分の得意《とくい》のフォーム（形）があります。その形で投《な》げたり、打《う》ったりすると、自分の力が出せるのです。ですから、自分のフォームを作るように練習《れんしゅう》します。

シュン じゃあ、作文にも「形」があるんですか？

先生 そのとおりです。**作文にも「形」があるん**です。まず、フォームを作っておいて、その形どおりに書けばうまくいくことが多いのです。それに、このような練《れん》習《しゅう》をしているうちに、力がついてきますので、形どおりに書けないような問題《もんだい》でも、自分なりに工夫《くふう》して書けるようになります。

ただ、フォームが一つしかないと、うまくいかないことがあります。

ドッジボールでも、一つのフォームしか知らないと、高いボールや低《ひく》いボールを投《な》げ分けることができません。いくつかのフォームを覚《おぼ》えておかなくてはいけません。

ですから、ここでは、作文の書き方の**三つの形**を教えます。

次《つぎ》のページから、三つのステップに分けて、練習問題《れんしゅうもんだい》をしながら説明《せつめい》します。

ステップ①
短《みじか》い作文をクリア

↓

ステップ②
長い作文をクリア

↓

ステップ③
もっと長い作文をクリア

ステップ一 短《みじか》い作文をクリア

まず、いちばんかん単《たん》な「形」を使《つか》えるようにしてください。五十字から百字くらいの、短《みじか》い作文のときに使《つか》う形です。これには、二つの「形」があります。どちらが使《つか》いやすいかは、場合によります。上手《じょうず》に使《つか》い分けるとよいでしょう。

作文の第《だい》一の形

最初《さいしょ》に大事《だいじ》なことを書く形です。これがふつうの書き方ですので、しっかりと使《つか》えるようにしておくと便利《べんり》です。

例《たと》えば、何かが好《す》きだということを書く場合、最初《さいしょ》にそれをずばりと書きます。それから、その後《あと》の文でその理由《りゆう》などを説明《せつめい》するというわけです。

まえ ずばりと、いちばん大事《だいじ》なことを書きます。

あと 前の文で書いたことだけでは言い足りないことや必要《ひつよう》な説明《せつめい》などを、くわしく書きます。

書きたいことがあまりないときには、前の文と後《あと》の文を一つずつの文で書いてください。書きたいことがたくさんあるときには、前の文と後《あと》の文の両《りょう》方《ほう》を、二つか三つの文で書いてください。

【例《れい》】書きたいことが少ない場合

まえ　わたしは、ドッジボールが好《す》きです。

あと　ねらった通りにボールをうまくぶつけることができたときには、楽しくなってきます。

【例《れい》】書きたいことが多い場合

まえ　わたしは、ドッジボールが好《す》きです。休み時間に、毎日のようにしています。

あと　ねらった通りにボールをぶつけることができたとき、「やった」と思い、楽しくなってきます。自分がぶつけられたらくやしいけれど、次《つぎ》はボールを取《と》ってやろうと思います。

作文の第二《だい》の形

第《だい》一の形とは、反対《はんたい》に、**最後《さいご》に大事《だいじ》なことを書く形**です。第《だい》一の形の、前の文と後《あと》の文を、引っくり返《かえ》した形と考えてください。つまり、第《だい》一の形で「前の文」に書いたことを、この形では、「後《あと》の文」に書きます。そして、「後《あと》の文」に書いたことを「前の文」に書きます。

ときどき、第《だい》一の形では、書きにくいことがありますので、この第《だい》二の形も覚《おぼ》えておくと便利《べんり》です。

まえ 後《あと》でいちばん大事《だいじ》なことを書くために、まず言っておかなければいけないことや、先に説明《せつめい》しておきたいことを書きます。

あと いちばん大事《だいじ》なことを書きます。

この形も、第《だい》一の形と同様《どうよう》に、書きたいことが少ないときには、前の文も後《あと》の文も、一つずつの文で書きます。書きたいことがたくさんあるときには、前の文も後《あと》の文もいくつかの文で書きます。

【例《れい》】書きたいことが少ない場合

まえ
ドッジボールで、ねらった通りにボールをうまくぶつけることができたときには、楽しくなってきます。

あと
だから、わたしはドッジボールが好《す》きなのです。

【例《れい》】書きたいことが多い場合

まえ
ドッジボールで、ねらった通りにボールをぶつけることができたとき、「やった」と思い、楽しくなってきます。自分がぶつけられたらくやしいけれど、次《つぎ》はまた、ボールを取《と》ってやろうと思います。

あと
だから、わたしはドッジボールが好《す》きなのです。毎日のように休み時間にしています。

問題《もんだい》6

あなたの好《す》きなおかしは何ですか。好《す》きな理由《りゆう》も書いてください。

第《だい》一の形、第《だい》二の形のどちらで書いてもかまいません。

一字あけて書き出しましょう。まえとあとでだん落《らく》を変《か》えましょう。

答えの例《れい》は別《べっ》さつ13ページ

問題《もんだい》7

あなたが家でかってみたいペットは、どんな動物《どうぶつ》ですか。かいたいと思う理由《りゆう》も書いてください。

第《だい》一の形、第《だい》二の形のどちらで書いてもかまいません。

一字あけて書き出しましょう。まえとあとでだん落《らく》を変《か》えましょう。

答えの例《れい》は別《べっ》さつ13ページ

問題《もんだい》8

あなたの好《す》きな花は何ですか。好《す》きな理由《りゆう》も書いてください。

第《だい》一の形、第《だい》二の形のどちらで書いてもかまいません。

一字あけて書き出しましょう。まえとあとでだん落《らく》を変《か》えましょう。

答えの例《れい》は別《べっ》さつ13ページ

問題《もんだい》9

あなたが行ってみたい所《ところ》はありますか？　行ってみたい理由《りゆう》も書いてください。

第《だい》一の形、第《だい》二の形のどちらで書いてもかまいません。

一字あけて書き出しましょう。まえとあとでだん落《らく》を変《か》えましょう。

答えの例《れい》は別《べっ》さつ14ページ

ステップ2
長い作文をクリア

ステップ一の短《みじか》い作文をクリアできたら、今度《こんど》は、少し長めの作文にちょう戦《せん》してみましょう。そのためには、第一《だい》の形・第二《だい》の形を少し進化《しんか》させます。進化《しんか》といってもむずかしくはありませんので、安心《あんしん》してください。

起《お》きたことだけを書いたのでは、あなたが何を伝《つた》えたいのかわかりません。だから、最初《さいしょ》か最後《さいご》にまとめとして、その出来事《できごと》から考えたことや感《かん》じたことを書きます。そうすると、整理《せいり》された読みやすい文章《ぶんしょう》になります。

最初《さいしょ》か最後《さいご》で、全体《ぜんたい》をまとめて大事《だいじ》なことを短《みじか》く書きます。

出来事《できごと》や説明《せつめい》を順序《じゅんじょ》正しく書きます。わかりやすい順序《じゅんじょ》を考えて書きましょう。

「第一《だい》の形」では、最初《さいしょ》にまとめを書き、後《あと》の部分《ぶぶん》は必要《ひつよう》なだけ、長く書きます。

「第二《だい》の形」では、前の部分《ぶぶん》を必要《ひつよう》なだけ長く書き、最後《さいご》にまとめを書きます。

どちらの形でも、長く書く部分《ぶぶん》は内容《ないよう》ごとにだん落《らく》分けをして、読みやすくなるように工夫《くふう》しましょう。

問題《もんだい》⑩ あなたの家から学校までの道順《みちじゅん》を教えてください。それはどんな道なのかという、あなたの印象《いんしょう》や考えなども説明《せつめい》してください。二百字ぐらいをめざして書きましょう。

第《だい》一の形、第《だい》二の形のどちらで書いてもかまいません。

一字あけて書き出しましょう

答えの例《れい》は別《べっ》さつ14ページ

ステップ3 もっと長い作文をクリア

ステップ①と②で、作文の基本《きほん》の練習《れんしゅう》をしてきました。ここからは、本かく的《てき》な作文を書く練習《れんしゅう》をします。

作文を書くときは、よく「起承転結《きしょうてんけつ》」を守《まも》るように言われますが、それをみなさんにわかりやすく言いかえると、「ホップ・ステップ・ジャンプ・着《ちゃく》地《ち》」という形になります。

左の四コママンガを見てください。

あれ～教科書がないよー。
ゴソ
ガサ
わすれものしたの？
だったらおれのを見せてあげるよ。
国語
おれってやさしい男だぜ～。
ソウタくんひどい！
ええっ
パシッ
これ、わたしの教科書じゃないの！
あれ～じゃあ、わすれものしたのおれかよ～。
国語
マホ

「起承転結《きしょうてんけつ》」とは「文章《ぶんしょう》の組み立てや物事《ものごと》の順序《じゅんじょ》」を表《あらわ》す言葉《ことば》です。

1 ホップ

これから何が起《お》こるのかを、想像《そうぞう》させます。

一コマ目では、マホがこまっています。

2 ステップ

ホップの部分《ぶぶん》の続《つづ》きで話が広がります。

ニコマ目でソウタがカッコよく申《もう》し出ます。

3 ジャンプ

事件《じけん》が起《お》きます。四コママンガをおもしろくするのはここです。

三コマ目でなぜか、マホがおこります。

4 着《ちゃく》地《ち》

最後《さいご》に着地《ちゃくち》を決《き》めて、しめくくります。

四コマ目でソウタが悪《わる》かったことがわかったのでした。

マンガやアニメ・ドラマもこの形になっていることが多いよ。

ジャンプを書くためにホップ・ステップを書くのね！

「ホップ・ステップ・ジャンプ・着地《ちゃくち》」で書く

例《れい》として、「いつもとちがう帰り道」という題《だい》の四百字ほどの作文を読んでみましょう。

例《れい》

きのう、学校の帰りに、ぼくは知らない道を通りました。

いつもの歩きなれた道とはまるでちがいます。初《はじ》めて通った道には、初《はじ》めて見るものがたくさんありました。知らない本屋《ほんや》さんや大型《おおがた》スーパーがあります。空き地に黄色い花がたくさんさいていました。あちこち歩き回ってから、本屋《ほんや》さんに入ってマンガを立ち読みしました。

1 ホップ

これから何を書こうとしているかをかん単《たん》に予告《よこく》します。ここでは、きのうの帰り道の出来事《できごと》について書こうとしていることがわかります。

2 ステップ

だいたいの状況《じょうきょう》を説明《せつめい》します。いつも歩きなれた道とはちがう、どんなことがあったかを書いています。

暗《くら》くなってきたので、そろそろ家に帰ろうと思って歩き出しました。でも、どの方向《ほうこう》に向《む》かって歩いたらよいのか、よくわかりません。こっちかなと思って歩いていても、ちがうような気がします。なかなか知っている道に出ることができません。だんだん心細くなって、悲《かな》しくなってきました。おなかもすいてきて、泣《な》きそうになりました。

一人でとぼとぼと歩いていたら、遠くに人かげが見えました。お父さんとお母さんでした。夕飯《ゆうはん》の時間をすぎてももどらないぼくを心配《しんぱい》して、さがしていたのです。ぼくはひどくしかられてしまいました。

3 ジャンプ

ここで、事件《じけん》が起《お》こります。この部分《ぶぶん》はできるだけ具体的《ぐたいてき》に、おもしろく書いてください。

4 着地《ちゃくち》

上手《じょうず》に着地《ちゃくち》を決めればいいのです。うまくまとめてください。

問題《もんだい》⑪ 次《つぎ》の文中の（　）をうめる文を書いてみましょう。

①

ホップ

わたしの知り合いにとてものんびりした人がいます。

ステップ

その人はどんなときにも決《けっ》して急《いそ》いだりあせったりしません。

ジャンプ

あるとき、（　　　　　　　）。

着地《ちゃくち》

その人を見ていると、わたしものんびりした気分になります。

あるとき、

←続《つづ》けて書きましょう

答えの例《れい》は別《べっ》さつ14ページ

②

ホップ

わたしには、心のやさしい友《とも》達《だち》がいます。

ステップ

この間、その友《とも》達《だち》と町を歩いていました。

ジャンプ

すると、（　　　　　　　）。

着地《ちゃくち》

わたしは、その友《とも》達《だち》がますます好《す》きになりました。

すると、

←続《つづ》けて書きましょう

答えの例《れい》は別《べっ》さつ14ページ

第《だい》3部《ぶ》

書き方の応用編《おうようへん》

本《ほん》格《かく》的《てき》な作文の書き方

「ホップ・ステップ・ジャンプ・着地《ちゃくち》」の形を使って
作文を練習《れんしゅう》してみましょう。
読書感想文《かんそうぶん》の書き方も紹介《しょうかい》します。

1 作文は「ホップ・ステップ・ジャンプ・着地《ちゃくち》」の形で書く

シュン　先生、教えてもらった「ホップ・ステップ・ジャンプ・着地《ちゃくち》」ってマンガみたいで、わくわくしてきました！

先生　それは良《よ》かったですね。これで、一人で書けますね。

シュン　え？　いや、まだ「ホップ・ステップ・ジャンプ・着地《ちゃくち》」の形を使《つか》って書いたことないから、自信《じしん》がないです。

先生　では、先生といっしょに作文をどう書くか、考えてみましょう。

シュン　やったー。実《じつ》は、作文の宿題《しゅくだい》が出ているんです。

先生　宿題《しゅくだい》の作文は、題《だい》が決《き》まっていますか？

シュン　「運動会《うんどうかい》について」です。

先生　何を書くか決《き》めるために、運動会《うんどうかい》で心に残《のこ》ったことを思い出してみてください。**メモを書いてもいい**ですよ。

シュン　うーん、学年全員《ぜんいん》のダンスでしょ、友達《ともだち》と食べたおべん当でしょ。そうだ！　リレーで活《かつ》やくできました。

先生　書くことがたくさんありますね。それを次《つぎ》のように考えてまとめましょう。

1 ホップ

ここで「運動会《うんどうかい》がありました。」ということを書きます。どんな天気だったか、どんな気《き》持《も》ちだったか、などを書くと良《よ》いでしょう。

2 ステップ

ここで運動会《うんどうかい》で起《お》こったことを書きます。どんなことがあったかを書いてください。でも、いちばん大事《だいじ》なことは書かないで。いちばん大事《だいじ》なことは次《つぎ》に書きます。

3 ジャンプ

ここがいちばん大事《だいじ》です。特《とく》におもしろかった出来事《できごと》を、一つだけ選《えら》んで、目に見えるようにくわしく書きます。あなたがどんな気持《きも》ちでいたかを書いてください。

4 着地《ちゃくち》

ここで最後《さいご》のまとめとして、運動会全体《うんどうかいぜんたい》についてのようすや感《かん》じたことなどを書いてください。さらに、次《つぎ》の運動会《うんどうかい》での目《もく》標《ひょう》など、書きたいことをつけ加《くわ》えても良《よ》いでしょう。

問題《もんだい》❶

71ページを参考《さんこう》にして、運動会《うんどうかい》や学芸会《がくげいかい》について、作文を書いてください。ホップ・ステップ・ジャンプ・着地《ちゃくち》の四だん落《らく》で、四百字ぐらいで書きましょう。

一字あけて書き出しましょう。

答えの例《れい》は別《べっ》さつ15ページ

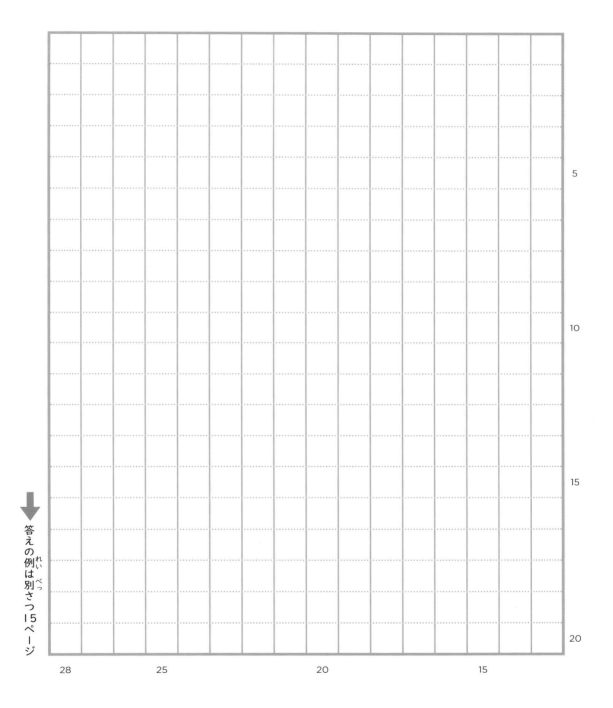

問題《もんだい》❷

71ページを参考《さんこう》にして、最近《さいきん》行った遠足や、校外学習《がくしゅう》の作文を書いてください。ホップ・ステップ・ジャンプ・着地《ちゃくち》の四だん落《らく》で、四百字ぐらいで書きましょう。

一字あけて書き出しましょう。

答えの例《れい》は別《べっ》さつ15ページ

作文テクニック1
文章《ぶんしょう》をつなぐ言葉《ことば》

文章《ぶんしょう》をうまくつなげて書きたいときは、「つなぎの言葉《ことば》」を使《つか》うとうまくいくよ。

例《たと》えば…

①「しかし」「でも」

前に書いたことと反対《はんたい》のことを、後《あと》に書く場合に使《つか》う。

例《れい》 斉藤《さいとう》さんは、算数と理科はクラスでいちばんできる。しかし、国語は苦手《にがて》のようだ。

②「だから」「そのため」

前に書いたことを理由《りゆう》として、後《あと》のことを書く場合などに使《つか》う。

例《れい》 山田《やまだ》くんは、明日は朝早くに家族《かぞく》で出かけると言っていた。だから、今日は早く帰ったんだろう。

作文テクニック2
書き出しの工夫《くふう》

書き出しのちょっとした工夫《くふう》で、おもしろい作文が書けるよ。

例《たと》えば…

①おもしろそうな話題《わだい》であることをしめす

例《れい》 人気の期間限定《きかんげんてい》のパレードを見に、遊園地《ゆうえんち》に行った。

②会話から書き出す

例《れい》 「ちょっと待《ま》ってよ。お母さん、それはちがうよ。」

③音から書き出す

例《れい》 「ポー、ポー、ガタン、ゴトン。」遊園地《ゆうえんち》の汽車は、ゆっくりと動き出した。

こんなふうに作文を書き始《はじ》めると、読む人が興味《きょうみ》をもって読んでくれるよ。

2 手紙の書き方

手紙を書くことは、国語力をつけるためにとても良《よ》い方法《ほうほう》です。また、お友達《ともだち》やおじいちゃん・おばあちゃんに手紙を書くと、手紙をもらった人たちも喜《よろこ》んでくれます。

手紙も作文と同じように、「ホップ・ステップ・ジャンプ・着地《ちゃくち》」を使《つか》って書くと良《よ》いでしょう。

ホップ
（初《はじ》めのあいさつ）
例《れい》おばあちゃん、こんにちは。

ステップ
（近ごろ起《お》こったこと）
例《れい》ねこのチーコが子どもを産《う》んだよ。

ジャンプ
（いちばん伝《つた》えたいこと）
例《れい》五ひきも産《う》んだんだよ。全部《ぜんぶ》はかえないので、おばあちゃんの家で何びきかかってもらえないかな。

着地《ちゃくち》
（お別《わか》れのあいさつ）
例《れい》では、お返事《へんじ》待《ま》ってるね。

手紙を書き
なれていない人は、
内容《ないよう》を上のように
メモしてみるといいよ。

問題《もんだい》③ 友達《ともだち》に手紙を書きましょう。

あなたの友達《ともだち》が、アメリカに引っこしてから一か月がたったという場面《ばめん》を想像《そうぞう》して、その友達《ともだち》にあてて手紙を書いてみてください。ホップ・ステップ・ジャンプ・着地《ちゃくち》の四だん落《らく》で、四百字ぐらいで書きましょう。

一字あけて書き出しましょう。

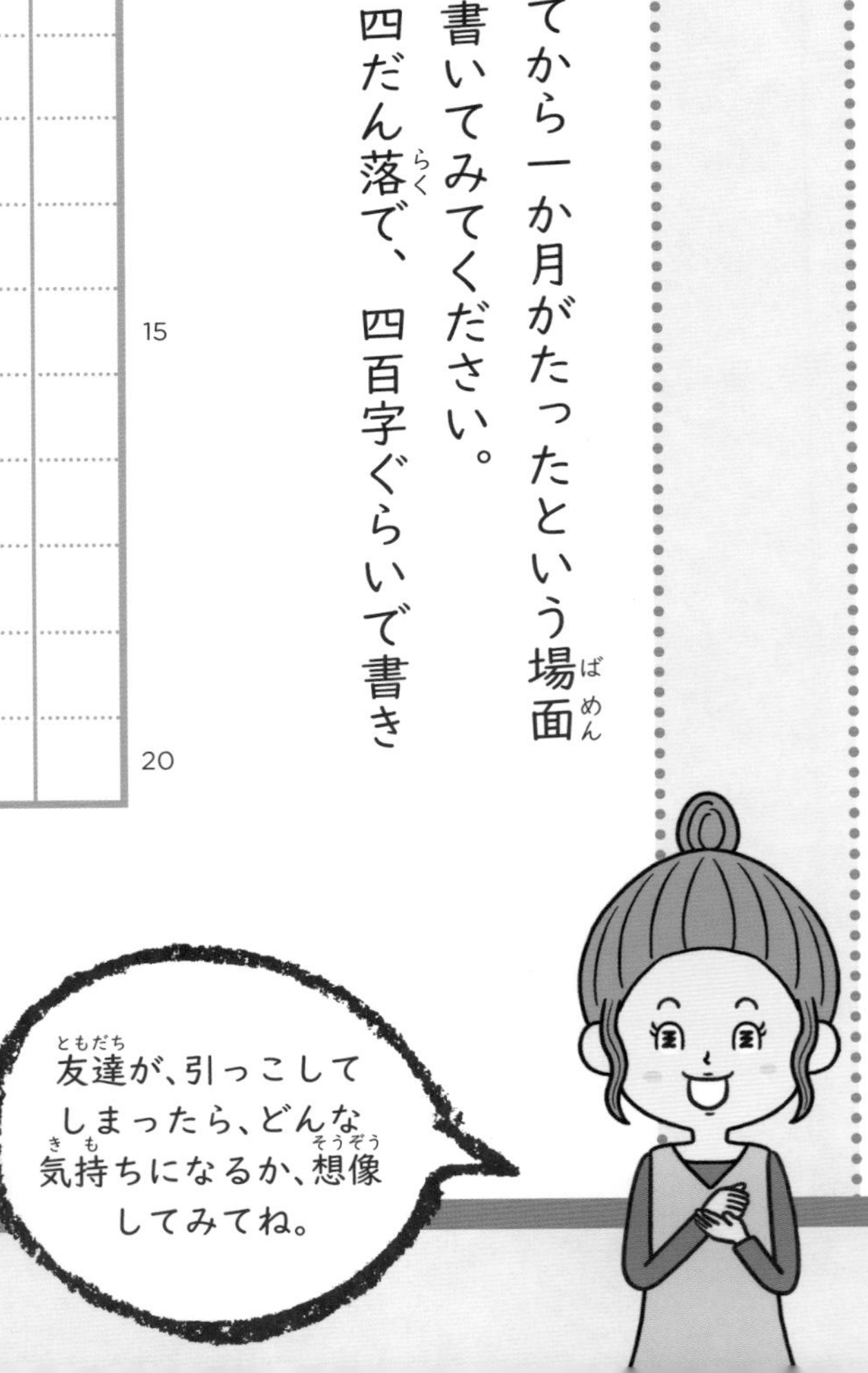
友達《ともだち》が、引っこしてしまったら、どんな気持《きも》ちになるか、想像《そうぞう》してみてね。

答えの例《れい》は別《べっ》さつ16ページ

3 読書感想文《かんそうぶん》の書き方

夏休みなどの長い休みのときに、「読書感想文《かんそうぶん》を書く」という宿題《しゅくだい》が出たことがありませんか。よく出されるわりには、苦手意識《にがていしき》の強い人が多いようです。

「本を読んだ感想《かんそう》を書きなさい。」と言われても、何をどのように書いたらよいのかわからないと思ってしまうことも多いでしょう。みなさんの書く読書感想文《かんそうぶん》に多いのは、本の内容《ないよう》を説明《せつめい》しているだけのものです。ですが、本のあらすじをまとめただけでは「感想《かんそう》」を書いたことにはなりません。でも、心配《しんぱい》はいりません。これまで学んできた「ホップ・ステップ・ジャンプ・着地《ちゃくち》」の形で書けば、楽に書けます。

また、感想文《かんそうぶん》を「おもしろかった」「つまらなかった」のひと言で終《お》わらせないために「感想文《かんそうぶん》の4つのヒケツ」をお教えしましょう。

ヒケツ1　その本を読んで、考え方がどう変《か》わったかを書く
ヒケツ2　その本を読んで、不思議《ふしぎ》に思ったことを書く
ヒケツ3　その本の中の、どこがおもしろかったのかを書く
ヒケツ4　その本のメインテーマについて、自分はどう考えるのかを書く

1ホップ（きっかけ）

本を読む前に感《かん》じたこと、考えたことを書きます。本の題名《だいめい》や表紙《ひょうし》の絵などの印象《いんしょう》から「題《だい》名《めい》にワクワクした。」「表紙《ひょうし》の絵の男の子の表情《ひょうじょう》が気になった。」といったことを書きます。

2ステップ（内容《ないよう》）

どんな内容《ないよう》なのかをかん単《たん》に書きます。物語《ものがたり》や伝記《でんき》などの場合には、あらすじを書きます。ただ、あまり長く書きすぎないように、気をつけましょう。

3ジャンプ（感想《かんそう》）

本を読んで、あなたが感《かん》じたこと、考えたことを書きます。その本の言いたいことをさがして、それに対《たい》する自分の考えを書くのも良《よ》いでしょう。ここがいちばん大事《だいじ》なところです。

4着地《ちゃくち》（まとめ）

全体《ぜんたい》のまとめをします。これからどんなことを心がけていきたいか、自分の目標《もくひょう》を書くのでも良《よ》いでしょう。

ジャンプにどんなことを書けばいいかは、次《つぎ》のページを読んでね。

ヒケツ1

その本を読んで、考え方がどう変《か》わったかを書く

本を読んで、読む前と後《あと》とで、考え方や感《かん》じ方が変《か》わったことはありませんか。例《たと》えば、本を読む前は、「都会《とかい》でくらすほうがいいな。」と思っていたのに、本を読んで、いなかの生活の良《よ》さを知った、などということはありませんか。また、本を読んで、急《きゅう》にその本のぶたいとなった外国のことを知りたくなったということはありませんか。思い当たることがあれば、書くことが見つかるはずです。つまり、

「この本を読んで、いなかの良《よ》さを知った。」
「この本を読んで、外国に行ってみたくなった。」

というような感想《かんそう》を、「ジャンプ」のところで書けばいいのです。

ジャンプの例《れい》

ぼくは、この本を読む前、おじいちゃんの家に行くのがあまり好《す》きではありませんでした。おじいちゃんの家に行っても周《まわ》りは畑《はたけ》ばかりで、遊《あそ》ぶものが何もなくてつまらないと思っていました。

でも、この本で、太郎《たろう》たちが虫と仲良《なかよ》く遊《あそ》んでいるのを読んで、虫に興味《きょうみ》をもちました。虫はかわいいものだと、この本を読んで初《はじ》めて思いました。今度《こんど》おじいちゃんの家に行ったら、テントウムシをさがして、どんな色や形なのか、もう一度《いちど》よく見てみたいと思いました。

ヒケツ 2

その本を読んで、不思議《ふしぎ》に思ったことを書く

本を読んで、内容《ないよう》や話の流《なが》れについて不思議《ふしぎ》に思ったことや、ぎ問《もん》に思ったことが、きっとあるはずです。「なぜ、あのとき、さちこはあんなことをしたんだろう。」「なぜ、おじいさんはそんなことを言ったんだろう。」などのようなことです。こうしたことを見つけて、書けば良《よ》いのです。まず、不思議《ふしぎ》に感《かん》じたことに対《たい》して、自分で**「なぜこうなのか」という理由《りゆう》**を考えてみてください。自分でわからなかったら、お父さんやお母さんに相談《そうだん》してみてください。それでわかったことを書きます。

「なぜかなと思ったけれど、考えてみてこうだとわかった。」

ということを、「ジャンプ」のところに書きます。

ジャンプの例《れい》

わたしが不思議《ふしぎ》に思ったのは、おばあさんが、なぜそんなにレミにだけやさしかったのかということだ。他《ほか》の人にはいじわるなのに、レミのことは心配《しんぱい》して、やさしくしている。

もしかしたら、このおばあさんも、昔《むかし》、今のレミと同じようにひとりぼっちで、悲《かな》しい思いをしていたのではないだろうか。だから、レミの心がよくわかって、やさしくしたのではないだろうか。きっと、おばあさんはレミのことを他人《たにん》とは思えなかったのだと思う。

ヒケツ3

その本の中の、どこがおもしろかったのかを書く

本の中でおもしろかったのはどんなところか、なぜおもしろかったのかを考えてください。おもしろいと思ったところは、本の内容《ないよう》の中心の部分《ぶぶん》とはあまり関係《かんけい》がなくてもかまいません。「絵本の中で、電車がトンネルに入るところの絵が楽しい。」「さむらいがいばっているところがおもしろい。」というようなものでも良《よ》いのです。そして、自分がそう感《かん》じた理由《りゆう》をできるだけくわしく説明《せつめい》してください。

これも「ジャンプ」で書きます。

「この本の中でわたしがおもしろいと思ったのは……。」

というような形で書き始《はじ》めると良《よ》いでしょう。

ジャンプの例《れい》

ぼくがこの本の中でおもしろいと思ったのは、一馬《かずま》が天使《てんし》に、みんなに愛《あい》されることではなくて、勇気《ゆうき》をくれるようにお願《ねが》いしたところです。そして、もっとおもしろかったのは、天使《てんし》がその願《ねが》いをことわって、勇気《ゆうき》は自分でもつものだと言い聞かせたところです。

ぼくもこれまで人にたよることが多かったけれど、いちばん大事《だいじ》なのは勇気《ゆうき》で、それは人にもらうものではなくて、自分でもち続《つづ》けなければならないものだと思いました。

ヒケツ4

その本のメインテーマについて、自分はどう考えるのかを書く

作者《さくしゃ》は、読んでいる人に何かを伝《つた》えるために本を書きます。その「作者《さくしゃ》が伝《つた》えたいこと」を「メインテーマ」とよびます。ただし物語《ものがたり》の場合、作者《さくしゃ》はメインテーマをずばりと書かずにストーリーの中にこっそりかくしています。お話が大きく変《か》わったところに注目《ちゅうもく》しながら、本を読み返《かえ》し、メインテーマをさがしましょう。メインテーマが見つかったら、それについて自分はどう考えるのかを書きます。メインテーマに対《たい》して、「そのとおり」と考えたのか、それとも、「いや、ちがう」と考えたのか、そうした考えを自分の体験《たいけん》を例《れい》にしながら説明《せつめい》してみましょう。これも「ジャンプ」で書きます。

この本は、……と伝《つた》えたかったのだろう。

というように書き出し、その後《あと》に本のどこからメインテーマを見つけたか、メインテーマについて自分はどう考えるのかを書くとうまくまとまります。

ジャンプの例《れい》

この本は、「どんなときもウソはついてはいけない」ということを伝《つた》えたかったのだろう。良平《りょうへい》は、小さなウソをきっかけにウソを重《かさ》ねるようになり、そのせいで大事《だいじ》なかい犬を失《うしな》ったのだ。

ぼくは、ウソをついて良《よ》いときもあると思う。弟は、じゅうどう大会の前、きんちょうしていた。ぼくは弟の実力《じつりょく》を知っていたから、きっとすぐに負《ま》けるだろうと思ったが、「ぜっ対《たい》ゆう勝《しょう》できるよ」とはげました。そうしたら、弟はかなり勝《か》ち進《すす》んだのだ。ぼくの言葉《ことば》がパワーになったと弟は言っていた。

問題《もんだい》④

読みたい本を一さつ選《えら》んで、読書感想文《かんそうぶん》をホップ・ステップ・ジャンプ・着地《ちゃくち》の四だん落《らく》で六百字をめざして書きましょう。

一字あけて書き出しましょう。

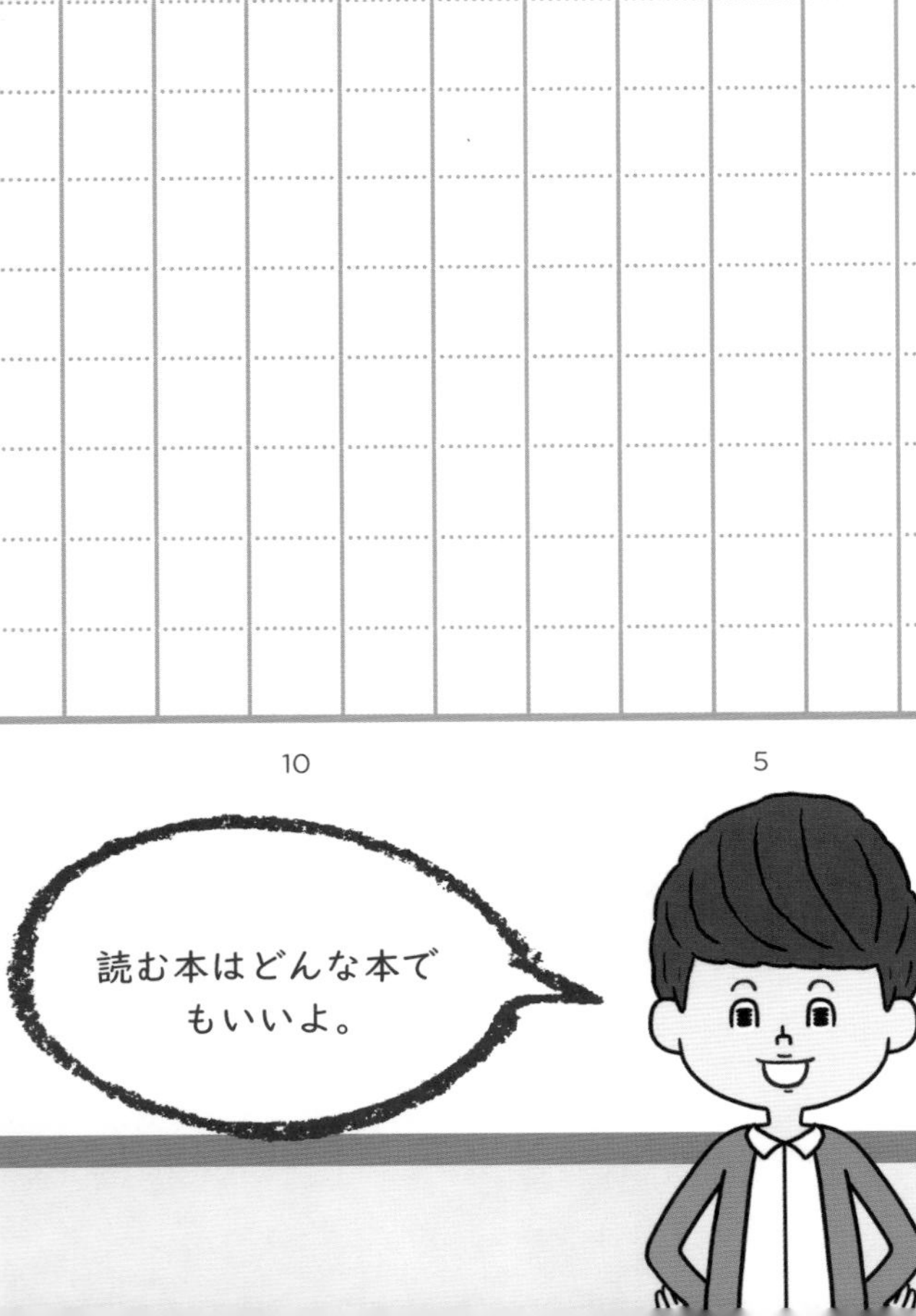

答えの例《れい》は別《べっ》さつ16ページ

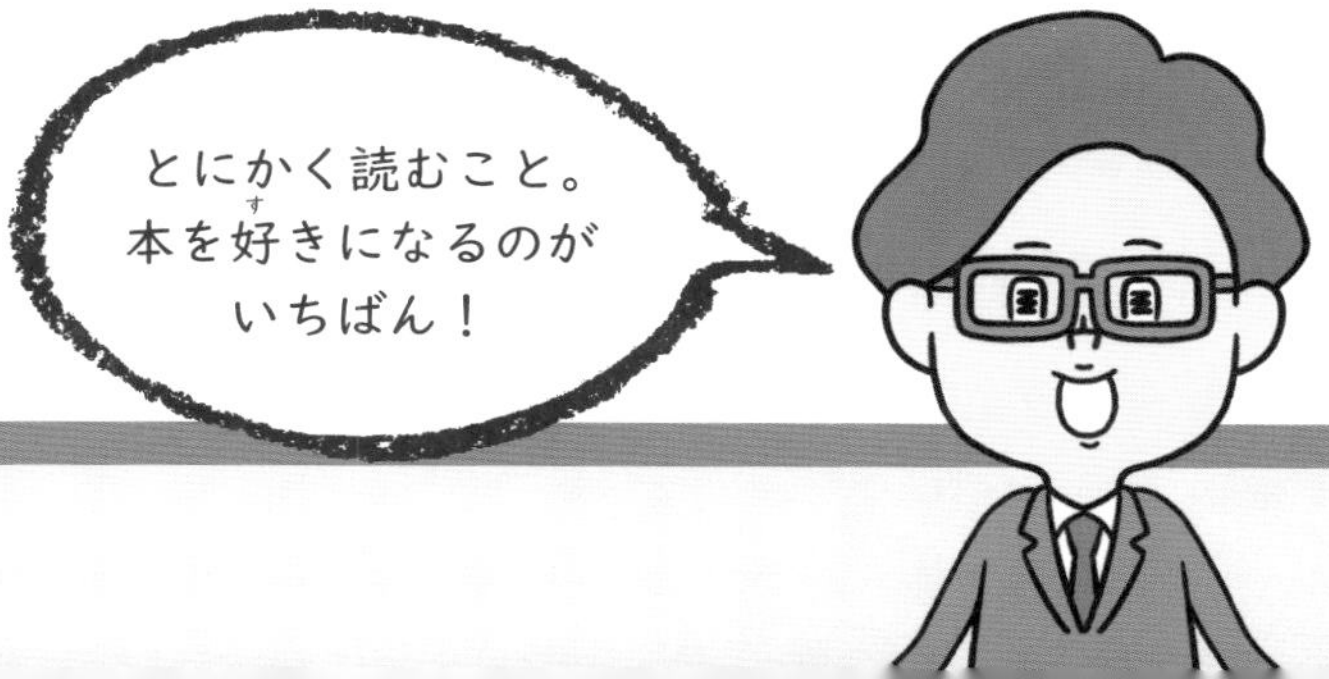
とにかく読むこと。
本を好《す》きになるのが
いちばん！

カバーデザイン　TYPEFACE
本文デザイン　TYPEFACE
イラスト　オオノマサフミ
編集協力　白藍塾、佐藤玲子
校正協力　松山安代、株式会社 オルタナプロ
DTP　有限会社　新榮企画

作文力ドリル
作文の基本編 小学中学年用

2020年4月28日　初版第1刷発行
2024年2月23日　第5刷発行

著　者　樋口裕一
発行人　土屋徹
編集人　代田雪絵
編集長　延谷朋実
発行所　株式会社Gakken
〒141－8416　東京都品川区西五反田2-11-8
印刷所　株式会社 リーブルテック

この本に関する各種お問い合わせ先
●本の内容については、下記サイトのお問い合わせフォームよりお願いします。
https://www.corp-gakken.co.jp/contact/
●在庫については　Tel 03-6431-1199（販売部）
●不良品（落丁、乱丁）については　Tel 0570-000577
学研業務センター　〒354-0045　埼玉県入間郡三芳町上富279-1
●上記以外のお問い合わせは　学研グループ総合案内　Tel 0570- 056-710

別冊

作文力ドリル

作文の基本編　小学中学年用

答えとアドバイス

おうちの方へ

○お子さんの勉強が終わったら、できるだけ早く答え合わせをしてあげてください。

○文章で答える問題は、答えの「例」を示しています。

○第1部（ストーリー編）については、「問題のねらい」と
「ヒント&アドバイス」をよく読んで、お子さんへのご指導にお役立てください。

本体と軽くのりづけされていますので、はずしてお使いください。

第《だい》1部《ぶ》 ストーリー編《へん》

問題《もんだい》1

→11ページ

【例《れい》】
▼（あれ？）くちばしが動《うご》いたぞ。いや、そんなわけはないか。
▼（あれ？）こんなことって、あるのか。くちばしが動《うご》いたぞ。
▼（あれ？）見まちがいかな。くちばしが動《うご》いたみたいだけど。
▼（あれ？）くちばしが動《うご》いたように見えたけど、気のせいかなあ。

こう書こう！

時計のはとのくちばしが動《うご》いたように感《かん》じて、シュンが不思議《ふしぎ》に思っていることがわかるように書いていれば、正解《せいかい》だよ。

おうちの方へ

★問題のねらい

登場人物の心情を理解し、それを言葉にする問題です。

前後の状況をおさえ、絵から表情を読み取り、登場人物の心情を理解することが大切です。しかも、その人物のキャラクターを理解したうえで、心情を表現する言葉を考える必要があります。実はこれはかなり高度な知的作業です。このような練習をすることによって、物語をしっかりと理解して読むことができるようになります。

★ヒント&アドバイス

この場面では、シュンは時計のはとのくちばしが動いたように感じて不思議がっています。まず、そのことを絵から理解します。そして、それについての疑問をどのように表現したらよいかを考える必要があります。もし、お子さんがすぐに答えられない場合には、「シュンが不思議な出来事に気づいている」という点を指摘して、ヒントにしてください。そして、自分がシュンと同じ立場だったら、どのようなことを考えるかを想像させてください。このように、自分自身で想像させることが、心情理解の第一歩です。

また、9ページの人物紹介にあるように、シュンは「ちょっと怖がりだけど、しっかりとした知的な感じの男の子」です。こうしたシュンの性格もふまえて答える必要があります。もしお子さんがシュンのキャラクターに合わない台詞を考えた場合には、9ページの人物紹介を振り返らせて指摘し、修正をしてください。

なお、この問題の答えの書き方は、一つではありません。意味はほとんど同じでも、いろいろな表現ができます。できるだけ多くの答えを許容してください。同時に、最も妥当な答えも示してください。そうすることによって、妥当な答えと許容範囲の答えの両方を身につけることができます。表現はどうであれ、くちばしが動いたように感じて、それに疑問を示すという内容であることが、必要条件といえます。

問題《もんだい》2

→13ページ

【例《れい》】
▼時計のはとのくちばしが動《うご》いたなんて、シュンはこわがりだなあ。
▼時計のはとのくちばしが動《うご》くわけないじゃないか。
▼わたしも時計のはとのくちばしが動《うご》くのを見たかったな。
▼わたしたちをこわがらせようと思ってウソをついているんだよ。
▼本当に時計のはとがしゃべったのなら、こわいなあ。

こう書こう!

ソウタもマホも、時計のはとのくちばしが動《うご》いたとは信《しん》じていないし、シュンがおかしなことを言ったと思っているはずだよね。それをふまえた答えが書けたかな。

おうちの方へ

★問題のねらい

登場人物の考えを理解し、それを言葉にする問題です。

問題❶と同じタイプの問題といえます。ただし、今回はもっと状況が複雑です。しかも、さまざまな解釈が可能です。シュンがどのようなキャラクターの人間なのか、その言動を他の二人はどう見ているかについて、物語と絵を手がかりに想像してとらえる必要があります。そのうえで、状況にふさわしい答えを考えなければなりません。

★ヒント&アドバイス

今回の問題は、問題❶よりもさらにさまざまな答えが考えられます。なるべく多くの答えを許容してください。表現はどうあれ、「時計のはとのくちばしが動いたなどとは二人は思っていないこと」「シュンの言うことを信じてもいないこと」を前提に書かれていることが、必要条件といえます。それをふまえて書かれていれば、時計のはとが口をきくなどとおかしなことを言うシュンをどうとらえたのかについては、【例】のように「こわがり」「ウソつき」「自分も見たかった」などのさまざまな解釈が出て構いません。

この問題でも、先の問題❶と同様に、自分がソウタやマホの立場だったら、シュンに対してどう感じ、何を言うだろうと想像させてみることが大切です。お子さんが【例】にある以外の全く別の答えを出した場合には、物語の展開上、不自然でない範囲であれば、正解として良いでしょう。

問題《もんだい》❸

↓15ページ

【例《れい》】

▼時計のはとなのに、なぜ話ができるの?
▼いつ、人間の言葉《ことば》を覚《おぼ》えたの?
▼もしかしたら、元は人間だったの?
▼時計のはとなのに、生きているの?
▼だれかに時計のはとにされたの?
▼何かしてほしいこと、ある?
▼名前はあるの?
▼年はいくつなの?
▼一人で動《うご》けるの?
▼いつから、ここにいるの?
▼何を食べているの?
▼これまでずっと、何をしていたの?

こう書こう!

口をきくはずのない時計のはとがなぜしゃべれるのかということに、ぎ問《もん》をもつことが大切だよ。そのうえで、自分だったらどんなことをたずねたいかを考えて書いていれば正解《せいかい》だ。

おうちの方へ

★問題のねらい

物語の流れをふまえて自分ならどうするかを考えるという、想像力をつける問題です。

物語を本当に理解して楽しむには、その物語に読み手も参加することが大事です。登場人物の行動や感情を追体験し、登場人物になったつもりで考えるのです。登場人物がしなかった行動についても、「自分だったらこうするのに。」などと考えながら読み進めるように指導すると良いでしょう。このように読むことで、自分の考えや気持ちと、登場人物の実際の行動や気持ちを比較し、その違いから登場人物のキャラクターを理解したり、その場の状況やストーリーや物語のテーマなどを深くとらえたりできるのです。

もし、このような形で物語に参加しないで、ただ受け身で読んでいたのでは、物語を楽しいと思うこともできず、読解力もつきません。

★ヒント&アドバイス

今回の課題は、時計のはとが話したということについて疑問を抱くことを求めるものです。口をきくはずのない時計のはとが話したということには、疑問点がたくさんあります。それを見い出して自分の言葉で表現しなければなりません。

お子さんが、時計のはとが話したということに疑問をもたない場合には、自分が突然、図工室の時計のはとから声をかけられたら、と想像させてみてください。そのうえで、疑問に思いそうなことをできるだけたくさん考えるよう促してください。そうするうちに、だんだんと疑問を抱き始め、物語の内容を深く考えるようになります。

ただし、「趣味は何?」「歌は好き?」というような、ストーリーとかけ離れた唐突な質問は、正解にはなりません。なぜ時計のはとが口をきけるのか、なぜそのような格好でそこにいるのか、今まで何をしていたのか、といった、ストーリーの流れに即した質問である必要があります。表現はどうであれ、そのようなことを尋ねていれば、正解と見なしてよいでしょう。

問題《もんだい》4

→16ページ

【例《れい》】▼ヒロキくんは、時計のはとに「代《か》わってよ。」と言われて「いいよ。」と答えたために、時計のはとにされた。その後《あと》、そばに来た人に「代《か》わって。」とたのんだけれど、みんなにげてしまうので、そのままになっている。

こう書こう!

大事《だいじ》なことをとらえて、それをつなげて書けばいいよ。そのためには、話の流《なが》れに大きくかかわらないところをうまくカットする必要《ひつよう》があるね。答えの【例《れい》】と自分の答えをくらべてみよう。

おうちの方へ

★問題のねらい

長い文章を、要点をおさえて短く要約する力をつける問題です。

人は何かを読むとき、無意識のうちに内容を整理しながら読んでいます。長い文章の内容を短くまとめてとらえているのです。長い文章をそのまま覚えることはできませんので、自分の頭の中で要約することで物語を理解していくのです。

ですから、要約する能力は実際に物語を読んで楽しむためにも不可欠の能力です。要約できないということは、話の内容を理解できなかったということだともいえます。要約する力をつけることで、さまざまな事柄をしっかりと把握できるようになります。

★ヒント&アドバイス

字数によって、どの程度詳しく要約するかが変わってきますが、今回は原稿用紙のマス目を百字程度にし、字数に制限を設けています。百字というのは、情報を伝えるにはとても少ない字数です。大事なことを言うだけで、すぐにそれくらいの字数になってしまいます。

今回は、少し複雑な話を百字ほどで要約してもらいます。要点だけをずばりと取り出すつもりでよいでしょう。長い文章を要約するわけではありませんので、それほど難しくはないはずです。

お子さんが上手に要約できない場合、起こったことを時間の順に言わせて、それをまとめるように促してください。そのうえで、答えの例を示して、上手なまとめ方の手本にするように指導してください。

こうした練習を繰り返すことによって、要領がつかめるようになるでしょう。

問題《もんだい》5

→18ページ

【例《れい》】▼ぼくはヒロキくんのしたことは、良《よ》くないと思います。これから自分がどうなるかを考えないで、軽《かる》い気持《きも》ちで答えてしまったからです。もっときちんと考えてから答えるべきだったと思います。

▼わたしは、ヒロキくんは、やさしい心から代《か》わってあげると言ったのだと思うので、良《よ》いと思います。でも、そのために時計のはとにされて、親にも心配《しんぱい》をかけているので、結果《けっか》的《てき》には良《よ》くなかったと思います。

こう書こう！

自分がどう思うかについて、なぜそう思ったかとという理由《りゆう》とあわせて答えていればいいよ。

おうちの方へ

★問題のねらい

自分の意見を、そう考えた根拠を明確に示して答える力をつける問題です。

人間はいつでも、他人の行動を評価し、判断しています。他人の行動に賛成することもあれば、反対することもあります。また、他人の行動を愚かと見なすこともあれば、優れていると見なすこともあります。そのように、ある人物の行動をどうとらえるかを明確にするのは、とても大事なことです。ただし、もちろん、感情的になって意見を述べるのではなく、その根拠をしっかりと示す必要があります。

このように自分なりの判断をすることによって、登場人物の行動をそのまま受け入れるのではなく、客観的にとらえられるようになります。そして、その行動の意味を考え、その人物のキャラクターを理解できるようになります。

★ヒント＆アドバイス

これは、かなり解答の自由度の高い問題です。良い・悪いという判断だけを考えても、そう判断する理由は人それぞれだからです。どのような判断であったとしても、その根拠をそれなりに示していれば、それでよいと考えるべきです。

お子さんがどのように答えて良いかわからずに迷っているような場合は、口頭で、「この子のしたことをどう思う？」と尋ねてみてください。それでも答えられずにいるときには、「お母さんは、この子がしたことはあまりよくないと思うけど、あなたはどう思う？」というように、「イエス」か「ノー」で答えるように促します。そして、そう答えた理由を考えて説明させます。その後で、お子さんが口頭で答えたものを文章にまとめるように指導します。

問題《もんだい》6

→20ページ

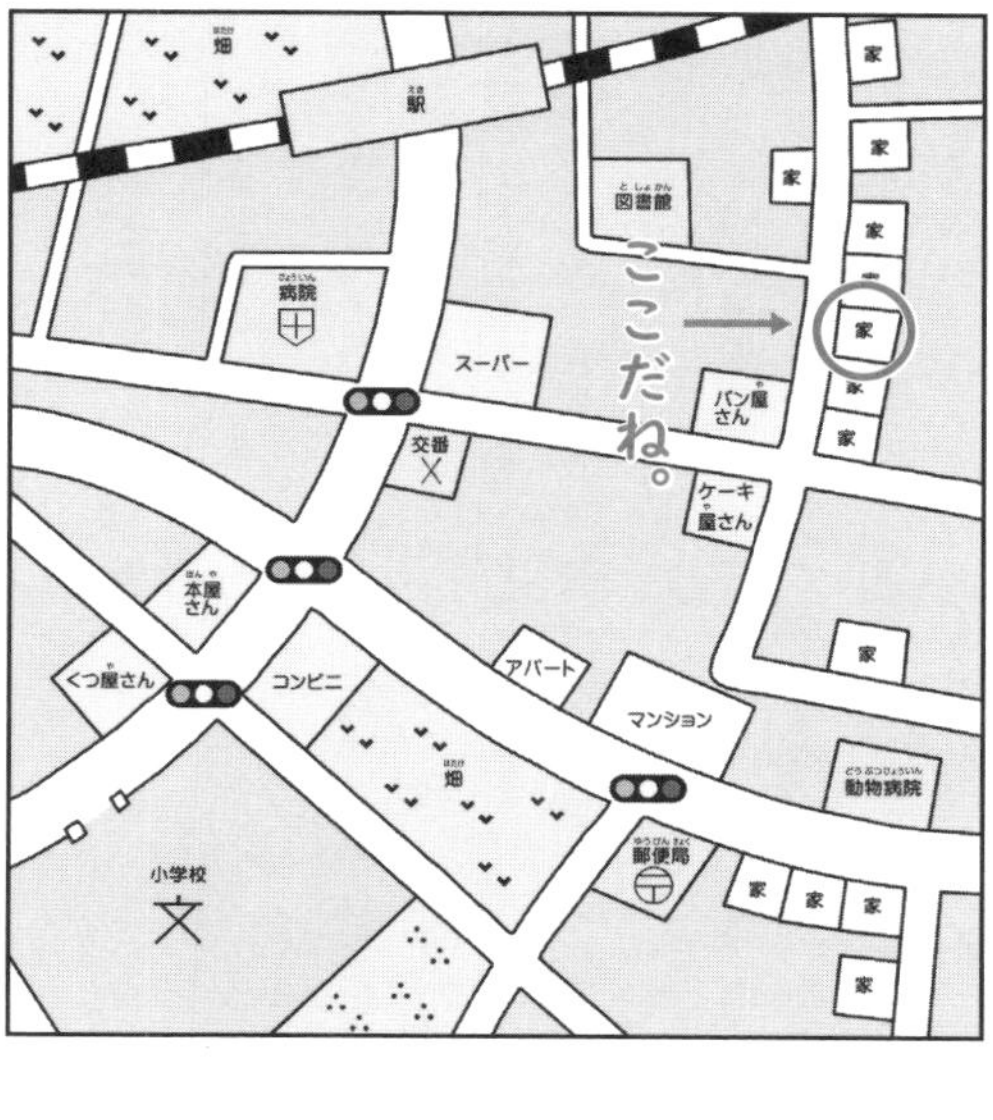

こう書《か》こう！

ヒロキくんの話したことを注意深《ちゅういぶか》く読んでから、一つ一つ地図と照《て》らし合わせてみよう。

おうちの方へ

★問題のねらい

文章を正確に読み取る力をつける問題です。文章の中から情報を得て、的確に意味をとらえるのが、読解力の基本です。ここでは、その一つの能力として、言葉によって地図を読み取る力を養います。文章で説明されたことを地図で確認することによって、説明された内容を視覚的にとらえることができるようになります。それが、言葉を注意深くとらえることにつながります。

★ヒント&アドバイス

この問題をきっかけにして、簡単な地図を見せてお子さんをどこかに行かせたり、家から学校までの地図を書かせたりすると、言語能力だけでなく空間把握能力も高めることができます。

お子さんが地図をよく理解できないときには、おうちの方が声に出して文章を読んであげると、わかりやすくなります。

問題《もんだい》7

↓22ページ

【例《れい》】▼ぼくは、ひみつにすることに反対《はんたい》です。かくしても、どうせウソをついていることはわかってしまうのだから、最初《さいしょ》から正直に言うほうが良《よ》いと思うからです。本当のことをひみつにするのは、むずかしいと思います。

▼わたしは、ひみつにすることにさん成《せい》です。人に話しても、かん単《たん》には信《しん》じてもらえないような出来事《できごと》なので、説明《せつめい》するのは大変《たいへん》だからです。全《すべ》てかい決《けつ》してから、本当のことを言ったほうが良《よ》いと思います。

こう書こう!

自分は、ひみつにすることにさん成《せい》か反対《はんたい》かをまず書いて、その後《あと》になぜそう思ったかという理由《りゆう》を加《くわ》えて書くんだよ。

おうちの方へ

★問題のねらい

自分の意見を、そう考えた根拠を明確に示して答える力をつける問題です。

あることについて、賛成か反対か、その理由は何かということを考えるのは、とても大事なことです。自分の意見をしっかりともち、自分がそう考える理由を明確に示すことは、相手を説得するためにも欠かせない能力だからです。こうした問題に慣れることは、論理的に物事をとらえて述べる能力を鍛えることにつながります。国際交流の面から見ても、自分の立場をはっきりさせ、その根拠を示して相手に伝える態度が、これからの日本人に必要とされます。ぜひとも、身につけておくべきです。

★ヒント&アドバイス

自分の意見とその理由を考えることができたら、次の段階に進ませると良いでしょう。「賛成に決まっている」「反対に決まっている」と自分の考えに固執することなく、自分とは逆の立場に立って考える練習をさせるのです。自分とは反対の意見にも耳を傾ける姿勢を見につけることで、いっそう深く物事を理解できるようになります。

ここでは、自分では「ひみつにするほうが良い」と思っても、反対の意見の人の場合には、どのような理由が考えられるか、などと考えさせてみましょう。考えているうちに、そちらのほうが正しいことに気づくかもしれません。あるいは、自分の意見のほうが正しいと思うようになるかもしれません。お子さんが一方しか考えようとしない場合には、反対側の意見も考えるように促してください。

「たとえば、こうなったら、どうなるかなあ?」「本当にそうかなあ?」などと問いかけることで、お子さんが自分で考える力がつくはずです。

また、この問題をきっかけにして、日常生活の中でも、さまざまなことに賛成か反対か、その理由は何かをお子さんに考えさせてください。そうすることによって、論理的に物事を考え、自分の考えにしっかりと根拠を示す習慣、さらに、反対意見を十分に考慮する習慣も身につきます。

今回の課題では、「秘密にするべきだ」という考えの根拠としては、「人に話しても、どうせ信じてもらえないので、むしろ説得するのに時間がかかる」「騒ぎが大きくなって、肝心なことができなくなる」などが考えられます。逆に、「秘密にするべきではない」という考えの根拠には、「秘密にしても、どうせ隠し事をしていることはわかるのだから、初めから正直に言うほうが良い」「秘密にすると、三人で話を合わせるのが難しい。本当のことを言うほうが良い」などが考えられます。

問題《もんだい》8

→23ページ

【例《れい》】▼天気が良《よ》ければ、三人で近所《きんじょ》の公園で遊《あそ》ぼうって約束《やくそく》したんだ。

▼三人で、友達《ともだち》にあげるプレゼントを選《えら》びに、町に行くことにしているんだ。

▼三人で、新しい友達《ともだち》の家に遊《あそ》びに行く約束《やくそく》をしているんだ。

こう書こう！

聞いた人が「なるほど。そうか。」と思える説明《せつめい》を考えることが大事《だいじ》だよ。むずかしく考えすぎて、不自然《ふしぜん》な答えになっていないか見直してみよう。

おうちの方へ

★問題のねらい

想像力を働かせて、相手を納得させられるように論理的に述べる力をつける問題です。

ウソは悪いことではあるのですが、一律に全てが悪いわけではありません。いうまでもないことですが、他人を傷つけないためのウソ、大事なことを守るためのウソは、必要なこともあります。

ウソをつくというのは、高度な言語技術です。論理的につじつまが合うように、現実ではないことを想定して説明をするわけですから、かなりの国語力を必要とします。少なくとも問題集のうえでウソを考えることは、論理力、想像力を鍛える訓練になります。

★ヒント&アドバイス

今回の問題では、時計のはとの話をしないで、外に出かけるための、ウソの理由や目的を考えて、親に話さなければなりません。ただし、外でソウタとマホに会うわけですから、それについてはウソをつかずに、三人で行動することを話すほうが自然でしょう。なお、これはかなり解答の自由度の高い問題です。親が納得できるような説明であれば、全て正解にして良いと思います。

問題《もんだい》9

→24ページ

【例《れい》】▼もしかしたら、時計のはとだったやつがヒロキくんになりすまして、今も家にいるかもしれない。もしそうだったら、「ヒロキくんが時計のはとになって図工室にいます。」と言っても、とても信《しん》じてもらえないから。

こう書こう！

時計のはととヒロキくんが入れ代《か》わっているという事実《じじつ》をふまえた答えであることが大切だよ。

おうちの方へ

★問題のねらい

物語の流れを正確に読み取って答える力をつける問題です。

登場人物はなぜこのような行動を取るのか。それを考えながら読むことが、物語を読み進めるカギとなります。こうした疑問点を解き明かしながら読み進めることで、話の内容を深く理解できるのです。ほとんどの人はそれを無意識に行っています。「なぜ」と感じられる事柄に興味を覚え、好奇心に駆られて先を読みたくなるものです。あるいは、そうした疑問点を感じながら読み進めることによって、作者の考えを理解するに至るのです。

何の疑問ももたないまま受け身で読んでいると、いつまでも物語をおもしろく読むことができず、物語の内容に関心を抱くことができません。この問題は、物語の展開に疑問をもち、内容を深く理解するためのものなのです。こうした読み方を身につけることで、お子さんは読書そのものも好きになることでしょう。読書量が増えれば、それがさらなる国語力・読解力につながっていきます。お子さんが読書や文章読解を苦手としている場合には特に、この問題に触れることが良いきっかけとなることでしょう。

★ヒント&アドバイス

お子さんが答えに迷っているときには、ヒロキくんの家でどんなことが起こっている可能性があるのかを考えさせてみてください。そして、ヒロキくんのお母さんに最初から「ヒロキくんが時計のはとになって図工室にいます。」と言ったらどうなる可能性があるのかについても想像させてみます。そうすれば、お子さんにもしっかりと状況が理解できるはずです。

もちろん、今回の問題にもさまざまな答え方があります。それぞれのお子さんの表現の仕方で自由に答えてよいのですが、必ず書くべきなのは、「もしかしたら、ヒロキと入れ代わった時計のはとが、ヒロキの姿で家にいるかもしれない。」ということです。それをふまえたうえで答えているようでしたら、正解と判断して良いでしょう。

問題《もんだい》⑩

↓26ページ

【例《れい》】▼ぼくたちは図工室で、時計のはとから声をかけられました。そのはとは、人間だったけれど、はとと入れ代《か》わってしまってこまっているそうです。そのはとは、自分の名前は「ヒロキ」だと言っています。そのはとにたのまれて、ご両親《りょうしん》に会いに来ました。

こう書こう！

三人が、図工室で出会った時計のはとから事情《じじょう》を聞いて、この家にやってきたということが、ヒロキくんのお母さんにうまく伝《つた》わるように書いてあればいいよ。

おうちの方へ

★問題のねらい

問題❹で少し長めの文章を要約する問題を出しましたが、今回はストーリーを要約する問題です。ストーリーそのものを要約するほうが少し高度にはなりますが、基本的には同じような作業です。

★ヒント&アドバイス

この問題をきっかけに、ときどき、お子さんにストーリーのあらすじを話させるとよいでしょう。「要約しなさい。」などと言うと、子どもは国語の時間のようで嫌がります。「お父さんはこのアニメのストーリーを知らないので、教えてあげて。」などと言うと、お子さんは喜んで要約するでしょう。

あらすじをまとめるときは、起こったことをかいつまんでつなぎ合わせるつもりで良いのですが、聞いている人にわかるように、自分たち（シュンたち）がどんな経緯でヒロキの家に来ることになったかを筋道だてて説明する必要があります。今回の問題では、

①図工室で、時計のはとに声をかけられた。
②話を聞いてみると、自分は人間だったが、はとと入れ代わってしまって困っているという。
③人間だったという時計のはとは、自分の名前はヒロキだと言っている。
④そのはとにたのまれて、この家に来た。

という点をまとめる必要があります。表現はどうであれ、これらが含まれていれば正解と判断して良い

でしょう。

問題《もんだい》⑪

↓28ページ

【例《れい》】▼元の時計のはとがヒロキくんになりすましていると思うので、図工室に連《つ》れていけば、もう一度《いちど》入れ代《か》わらせることができると考えたから。

こう書こう！

お母さんの話から、三日前からヒロキくんのようすがおかしかったことがわかったね。だからシュンは、元の時計のはとがヒロキくんになりすましていると思ったんだね。ヒロキくんを連《つ》れて学校へ行くとどうなる（何ができる）のかがわかるように書いてあればいいよ。

おうちの方へ

★問題のねらい

物語の流れを正確に読み取って答える力をつける問題です。

問題⑨でも、今回のように、登場人物の行動の理由について考える問題を出しました。今回もそれと同種の問題です。同じように考えてください。ただし、今回は登場人物が何をしようとしているのかを推測する必要があります。これまでのストーリーから推測し、シュンがこれから何をするつもりだと考えるのが最も自然なのか、物語の展開上から正確に読み取る必要があります。

★ヒント＆アドバイス

お子さんが答えにつまっていたら、ヒロキくんの性格や好みが変わってしまったことに注目させ、そこから推測させます。答えの書き方は一つではないにしろ、答えの内容は、「家にいたヒロキが元の時計のはとなのではないかと考え、ヒロキを図工室に連れていけばヒロキくんを元に戻せるだろうと考えた」というものに、ほぼ絞られます。この内容を答えていれば、どのような表現であっても正解としてください。

また、お子さんがこれ以外の全く別の理由を思いつく場合もあるかもしれません。基本的には解答例に沿った内容でないからといって頭ごなしに否定せずに、まずはその独創的な発想をほめてあげてください。そのうえで、物語の展開上つじつまの合わないところがあった場合には、具体的に指摘してください。そして、もっと物語の流れに沿った理由を考えるように促すと良いでしょう。

問題《もんだい》⑫

↓31ページ

【例《れい》】「ヒロキなのね、さびしかったでしょう……。」

「ぼく、さびしくてずっと泣《な》いてたよ。」

「かわいそうに。」

「お父さんにも会いたいよ。」

「お父さんもヒロキのようすがおかしいのを心配《しんぱい》しているわ。早く帰りましょうね」

こう書こう！

ヒロキくんが時計のはとと入れ代《か》わってから、親子が不安《ふあん》な気持《きも》ちですごしていたたことをふまえた答えになっていればいいよ。

おうちの方へ

★問題のねらい

物語の流れをふまえて、自分で想像して書く力をつける問題です。

お子さんに作品の一部を書き加えてもらいましょう。このような特殊な事情で、ようやく再会を果たした母と子がどんな会話を交わすか、想像をたくましくして書いてもらうのです。

子どもは物語に刺激を受けて、自分も書いてみたいと思うものです。そうした気持ちを高めて、実際に物語の一部を書くことによって、物語をいっそう深く理解することができます。今回の問題では、親子の再会がどのような意味をもつか、二人がどのような気持ちでいたのかなどが、書くことによってリアルに感じられるでしょう。

★ヒント&アドバイス

お子さんの書いた会話がリアリティのないものであった場合、もしもお子さん自身とおうちの方が離れ離れになっていたら、どのような思いをもつかを想像するように促してください。

そして、この問題をきっかけとして、ときどき、物語の一部を自分で書いてみたり、物語の途中で先の展開を想像してみたりするよう提案し、お子さんに文章を書かせる機会を増やすと良いでしょう。

なお、会話を書くのは、子どもたちには比較的簡単に感じられるようです。なかには、長い会話を書くお子さんもいるでしょう。冗長になることもあるかもしれません。そんな場合には、上手に書いたことをほめたうえで、会話が長すぎると読む人はだれてしまうため、ほどほどの長さで止めるよう教えてください。

これには特に正解・不正解はありません。親子の会話らしくなっており、久しぶりに会う母と子どもの情愛、不思議な出来事に対してのさまざまな思いなどが書かれていれば、ほめてあげてください。

問題《もんだい》⑬

→32ページ

【例《れい》】▼もともとは何千年も前から生きてきた南の国のまほうの木だったが、日本の会社に切られて、はと時計にされて日本に来た。人間になって南の国にもどろうと思ったが、もうそんな元気はないので、図工室のはと時計として子どもたちの役《やく》に立とうと思い始《はじ》めていた。

こう書《か》こう！

木がなぜはと時計にさせられたのか、なぜ人間になろうと思ったのかなど、大事《だいじ》なポイントを落《お》とさずに書けたか、自分の答えを読み直してみよう。

おうちの方へ

★問題のねらい

問題④と同じ、長い文章の要点をおさえて、短く要約する力をつける問題です。

ただし今回は、問題④よりも少し難しい内容が語られていますので、お子さんにとっては骨が折れる作業かもしれません。

しかも、この木は、子どもたちとは別の文化の中で生きていた存在です。古めかしい言葉づかいを、自分たちにもわかりやすい言葉に改める必要があります。人間は、他者と話をする場合や、難しい文章を読む場合などには、相手の言葉を、自分の頭の中で自分の言葉に置き換えて理解します。こうした能力にたけていれば、さまざまな文章を理解できるようになります。そのため、長い文章を要約する練習をすることは、国語力を高める訓練になります。

★ヒント&アドバイス

今回の問題では、

①元は、はるか昔から南の国で生きてきた魔法の木だった。
②ある日、切られてはと時計にされて日本に来た。
③人間になって、南の国に戻ろうと考えたが、もうそんな元気は残っていなかった。
④はと時計として、人間の役に立つのも悪くないと思うようになった。

という点をまとめる必要があります。表現はどうであれ、これらが含まれていれば正解と判断して良いでしょう。

もし、わかりにくい言葉や表現があったり、大事なポイントが落ちていたりしたら、指摘してあげてください。また、この背景にある自然破壊の問題についても少し説明してあげると、物語をリアルにとらえることができるでしょう。

問題《もんだい》⑭

↓36ページ

【例《れい》】▼ぼくが読んだのは、作文の問題集《もんだいしゅう》の中《なか》にあったお話です。小学四年生の仲良《よ》し三人組が、図工室で不思議《ふしぎ》なはと時計に出会います。その時計のはとから、元は人間の男の子で、時計のはとと入れ代《か》わってしまったことを説明《せつめい》され、助《たす》けてほしいとたのまれます。三人は、男の子の家に行って、お母さんに話します。そして、男の子とお母さんを連《つ》れて図工室へ行き、無事《ぶじ》、時計のはとと男の子は元どおりに入れ代《か》わります。

　ぼくがこのお話の中でいちばんわくわくしたのは、時計のはとが口をきくところです。シュンが最初《さいしょ》に気がついたのに、他《ほか》の二人が本気にしなかったのもおもしろかったです。でも、本当にそんなことがあったらこわいと思います。もし、ぼくの学校にある時計のはとも、人間がまほうで変《か》えられたものだとしたらとてもこわいし、その人はどんなに悲《かな》しいだろうと思います。だから、ヒロキが助《たす》けてくれる人を見つけたとき、良《よ》かったなあと思いました。

こう書こう！

あらすじも感想《かんそう》も、大事《だいじ》なところにポイントをしぼって書くことが大切だよ。

おうちの方へ

★問題のねらい

物語を読み終えたら読書感想文を書くという習慣をつけさせたいものです。これまでに挑戦してきた問題で、あらすじをまとめたり、自分の考えたことや感じたことを表現したりする力がついているかどうかを、最後のこの問題で試してみます。

　普段から、物語を読み終えた後に、ノートなどに簡単な感想を記す習慣をつけておくと、印象に残ったところや自分の感想をまとめる練習になり、文章力をつけることにつながります。

★ヒント&アドバイス

書き方については、本書80ページの「読書感想文の書き方」を見てください。

　読書感想文は、苦手とするお子さんが多いものです。すぐに書き出すことができれば良いのですが、なかなか書き出せずに困っている場合には、助け舟を出してあげてください。まずは、口頭でどんなところがおもしろかったのか、なぜそう感じたのかなどを言わせてみると良いでしょう。そして、「それを書けばいいんだよ。」と後押しして、実際に書くように促してください。

　小学校中学年でしたら、四百字程度の長さの文章を書かせてください。それほど無理なく書けると思います。

第《だい》2部《ぶ》 書き方の基本編《きほんへん》

問題《もんだい》1

↓45ページ

【例《れい》】

① きのう、ショウくんが、「遊園地《ゆうえんち》に行ったんだよ。」と言った。

② 知らない人から、「学校はどこですか。」と聞かれた。

③ 先生が、「全部《ぜんぶ》できた人はいますか。」と言ったので、ぼくが、「はい。」と答えた。

④ ぼくが外に出ようとしたら、お母さんが、「気をつけて。」と言った。

⑤ りえちゃんが「行きたくない。」と言うと、ひろしも「ぼくも。」と言った。

問題《もんだい》2

↓47ページ

【例《れい》】

① おじいちゃんとデパートに行きました。おじいちゃんが、「何かほしいものがあったら、買ってあげようか。」と言ってくれました。ぼくが「ゲームがほしい。」と言ったら、すぐに買ってくれました。

② おじさんが外国で仕事《しごと》をすることになったので、犬をかえなくなりました。プーという名前のトイプードルの子犬で、ぼくにもなついています。おじさんが日本にもどるまで、プーをうちであずかることになりました。

③ 夏休み、高原の野原でねころんでいた。すると、耳もとでささやき声が聞こえた。「いっしょに遊《あそ》ぼうよ」。まわりを見回したら、親指《おやゆび》くらいの大きさのようせいがいた。昔《むかし》のヨーロッパの人のような服《ふく》を着《き》ていた。

問題《もんだい》3

↓49ページ

【例《れい》】

① お母さんといっしょに買い物《もの》に行きました。帰りにお母さんは用事《ようじ》があったので、ぼくは一人で帰ることにしました。ところが道にまよってわからなくなったので、交番で道を聞いて、やっと知っている通りに出ることができました。そうしたら家に帰るまで一時間以上《いじょう》かかりました。

② ジャックが歩いていくと、おしろがあった。おしろに入ろうと思って門に回ったところ、門番はいなかったので、だまって中に入った。すると物音《ものおと》が聞こえてきたので行ってみると、王女様《さま》がハープをひいていた。

問題《もんだい》4

↓51ページ

【例《れい》】

① とてもおもしろそうな本を見つけた。

② すーっとドアから出ていったのは、どろぼうだった。

③ いたずらをしたのは、ぼくではない。

④ 目の前に大きな海が広がっています。

⑤ シュンはそっとかべに手を当てました。

問題《もんだい》5

↓53ページ

【例《れい》】

① 教室に入ると、ざわざわしているのに気がつきました。村田先生が病気《びょうき》になって、きのう、急《きゅう》に入院《にゅういん》したというのです。／一時間目のベルが鳴りましたが、やはり村田先生は教室に来ませんでした。代《か》わりに教頭先生が来て、村田先生がしばらくお休みすると言いました。

② 春菜《はるな》は「きっとおじいちゃんは首を長くして待《ま》ってくれているだろうな」と思いながら、特急《とっきゅう》に乗《の》っていました。／駅《えき》に着《つ》いて、特急《とっきゅう》からおりると、改《かい》札口《さつぐち》からおじいちゃんが顔いっぱいに笑顔《えがお》をうかべながら、手をふっているのが見えました。

問題《もんだい》6

↓60ページ

【例《れい》】

（第《だい》一の形）

わたしは、チョコレートが好《す》きです。あまくて、ちょっと苦《にが》い味《あじ》が口の中に広がるからです。

（第《だい》二の形）

チョコレートを食べると、あまくて、ちょっと苦《にが》い味が口の中に広がります。だから、わたしはおかしの中でチョコレートがいちばん好《す》きです。

問題《もんだい》7

↓60ページ

【例《れい》】

（第《だい》一の形）

わたしがかいたい動物《どうぶつ》は、犬です。人間とすぐに仲良《なかよ》くなれる動物《どうぶつ》で、かい主《ぬし》の言うことをよく聞いて、かい主《ぬし》によくなつくからです。

（第《だい》二の形）

犬は人間とすぐに仲良《なかよ》くなれる動物《どうぶつ》で、かい主《ぬし》の言うことをよく聞いて、かい主《ぬし》によくなつきます。

だから、わたしは犬をかいたいと思います。

問題《もんだい》8

↓61ページ

【例《れい》】

（第《だい》一の形）

わたしは、花の中ではハナミズキの花が好《す》きです。

わたしの家の庭《にわ》にあって、春になるときれいな花をさかせるからです。

（第《だい》二の形）

わたしの家の庭《にわ》にハナミズキがあって、春になるときれいな花をさかせます。

だから、わたしは花の中でハナミズキの花が好《す》きです。

問題《もんだい》9

→61ページ

【例《れい》】

（第一の形）

わたしは、ふじ山に登《のぼ》ってみたいです。

バスで五合目まで行ったとき、見下ろすと町が小さく見えました。だから、もっと高いちょう上に登《のぼ》りたいと思ったからです。

（第二の形）

バスでふじ山の五合目まで行ったとき、見下ろすと町が小さく見えました。だから、もっと高いちょう上に登《のぼ》りたいと思いました。

だからわたしは、ふじ山に登《のぼ》りたいです。

問題《もんだい》10

→63ページ

【例《れい》】

（第《だい》一の形）

家の前のせまい道を右方向《みぎほうこう》に歩いて、銀行《ぎんこう》の前で左に曲《ま》がります。

そのまま、広い道をしばらく歩きます。すると、本屋《や》さんや花屋《や》さんやガソリンスタンドがあります。

さらに進《すす》んで交番のところを左に曲《ま》がると、学校に着《つ》きます。

学校に行くまでの道は、どの道も車がよく通るので、みんながじこを心配《しんぱい》しています。ぼくも気をつけて歩こうと思っています。

最後《さいご》のだん落《らく》が「まとめ」

（第《だい》二の形）

学校に行くまでの道は、どの道も車がよく通るので、みんながじこを心配しています。ぼくも気をつけて歩こうと思っています。

最初《さいしょ》のだん落《らく》が「まとめ」

まず、家の前のせまい道を右方向《みぎほうこう》に歩いて、銀行《ぎんこう》の前で左に曲《ま》がります。

そのまま広い道をしばらく歩きます。すると、本屋《や》さんや花屋《や》さんやガソリンスタンドがあります。

さらに進んで交番のところを左に曲《ま》がると、学校に着《つ》きます。

問題《もんだい》11

→68ページ

①【例《れい》】

▼（あるとき、）じゅ業《ぎょう》におくれてきたのに、ちっともあせらずにゆっくり席《せき》まで歩いていました。

▼（あるとき、）もうすぐ学校が始《はじ》まる時間なのに、通学路《つうがくろ》でカタツムリをじっと見ていました。

②【例《れい》】

▼（すると、）まいごになって泣《な》いている小さな子に声をかけて、いっしょにお母さんをさがしてあげていました。

▼（すると、）その友達《ともだち》は、急《きゅう》に気分が悪《わる》くなってしまったわたしを近くのベンチで休ませてくれました。

第《だい》3部《ぶ》 書き方の応用編《おうようへん》

問題《もんだい》1

↓72ページ

【例《れい》】

少し寒《さむ》かったけれど、運動会《うんどうかい》がありました。

最初《さいしょ》のだん落《らく》が「ホップ」

ぼくは、運動《うんどう》が好《す》きではないので、運《うん》動会《どうかい》はきらいです。五十メートルのかけっことぼう引きと玉入れに出ました。初《はじ》めは赤組の勝《か》ちでした。でも、だんだんと白組がぎゃく転《てん》して、最後《さいご》には白組が勝《か》ちました。ぼくは白組だったけれど、五十メートルでも五位《ごい》で、玉入れでも玉を一つも入れられなかったので、白組の五八七点のうち、一点も入れていません。

二つ目のだん落《らく》が「ステップ」

運動会《うんどうかい》でいちばん楽しかったのは、おべん当の時間です。今年はけんたくんの家族《かぞく》といっしょに食べました。お母さんどうしが仲良《なかよ》しだからです。けんたくんとはあまり話したことはなかったけれど、おべん当を食べているうちに、仲良《なかよ》くなりました。けんたくんはリレーの選手《せんしゅ》なので、走り方のコツを教えてもらいました。ぼくの走り方を見て、手のふり方が弱いと教えてくれました。

三つ目のだん落《らく》が「ジャンプ」

来年は、けんたくんが教えてくれたように走って、少しは点を入れたいと思いました。

最後《さいご》のだん落《らく》が「着地《ちゃくち》」

問題《もんだい》2

↓74ページ

【例《れい》】

春の遠足は、バスで足尾山《あしおさん》のふもとまで行って、はんごとにふもとから山の上まで登《のぼ》りました。

最初《さいしょ》のだん落《らく》が「ホップ」

登《のぼ》っているとちゅうで、なおとくんが、
「つかれたから、ゆっくり行こうよ。」
と言い出しました。ぼくとみなちゃんは反対《はんたい》して、
「ゆっくり歩いたら、みんなとはぐれちゃうよ。」
と言いましたが、他《ほか》の人たちはさん成《せい》しました。

二つ目のだん落《らく》が「ステップ」

それから二十分くらい登《のぼ》りましたが、他《ほか》のはんの人たちにぬかれて、最後《さいご》でした。人かげが見えなくなり、道がせまくなってきました。なおとくんが、
「道をまちがえたんじゃないか。」
と言いました。ぼくは、そうなんしたのではないかと心配《しんぱい》になってきました。そのとき、
「おーい。そっちに行ってはだめだよ。」
という中山《なかやま》先生の声がしました。ぼくは、助《たす》かったと思いました。

三つ目のだん落《らく》が「ジャンプ」

そうなんしそうになった遠足のことは、これからもずっとわすれないと思います。

最後《さいご》のだん落《らく》が「着地《ちゃくち》」

問題《もんだい》3

↓78ページ

【例《れい》】

みさきちゃん、お元気ですか。

最初《さいしょ》の部分《ぶぶん》が「ホップ」

みさきちゃんがアメリカに行ってから、もう一か月がたちますね。テレビでアメリカが出ると、いつもお母さんと、「みさきちゃんはどうしているだろうね。」と話しています。クラスでも、みんなみさきちゃんを思い出しています。

二つ目の部分《ぶぶん》が「ステップ」

十月十日に、運動会《うんどうかい》がありました。みさきちゃんは、去年《きょねん》の運動会《うんどうかい》でリレーの選手《せんしゅ》でしたね。今年はエリちゃんとわたしが出ました。けれど、二組の人にぬかれてしまいました。みんな、とてもくやしがりました。そのときにも、「みさきちゃんがいたら、勝《か》ってたかもしれないね。」と、エリちゃんが言っていました。わたしもそう思いました。

三つ目の部分《ぶぶん》が「ジャンプ」

アメリカでの生活は、どうですか。みんな、みさきちゃんの様子《ようす》を知りたがっています。今度《こんど》、手紙をください。それでは、さようなら。

最後《さいご》の部分《ぶぶん》が「着地《ちゃくち》」

問題《もんだい》4

↓90ページ

【例《れい》】

わたしは、お父さんが買ってくれた『葉《は》っぱのフレディ』という絵本を読みました。ゆう名な絵本だそうです。

最初《さいしょ》のだん落《らく》が「ホップ」

フレディというのは、葉《は》っぱの名前です。フレディのほかにも、クレアやダニエルも葉《は》っぱの名前です。秋になって、緑色《みどりいろ》だった葉《は》っぱたちは、いろいろな色に変《か》わりました。冬になると、みんな木から落《お》ちて死《し》にました。フレディは最後《さいご》に死《し》にました。フレディが死《し》んでも、次《つぎ》の春になるとまた葉《は》っぱが出ます。フレディは死にましたが、次《つぎ》の新しいフレディが生まれます。そんな内ようの絵本でした。

二つ目のだん落《らく》が「ステップ」

わたしがおもしろいと思ったのは、葉《は》っぱにフレディとかダニエルとかアルフレッドとかいう名前がついているところです。人間みたいだと思いました。だれがつけたのかなあと思いました。本当は葉《は》っぱに名前がついているのは、葉《は》っぱの一まいずつがちがうからだと思います。人間が葉《は》っぱを見ると、みんな同じに見えます。それと同じで、葉《は》っぱからは人間が同じように見えると思います。葉《は》っぱも人間も同じ命《いのち》だから、フレディが死《し》ぬとき悲《かな》しく感《かん》じました。でも、また春が来ると、新たな命《いのち》が生まれ、えい遠に続《つづ》いていくのだから、悲《かな》しまなくていいのだとも思いました。

三つ目のだん落《らく》が「ジャンプ」

わたしがこの本を読んで改《あらた》めて感じたのは、人間のような動物《どうぶつ》だけでなく、植《しょく》物《ぶつ》にも同じように命《いのち》があるのだなあということでした。また、植物《しょくぶつ》が出てくる本を読んでみたいと思いました。

最後《さいご》のだん落《らく》が「着地《ちゃくち》」

⑤